心一堂術數古籍珍本叢刊

書名：陽宅覺元氏新書【新修訂版】
系列：心一堂術數古籍珍本叢刊　第一輯　堪輿類　56
作者：【清】元祝垚
主編、責任編輯：陳劍聰
心一堂術數古籍珍本叢刊編校小組：陳劍聰　素聞　梁松盛　鄒偉才　虛白盧主

出版：心一堂有限公司
通訊地址：香港九龍旺角彌敦道六一〇號荷李活商業中心十八樓〇五－〇六室
深港讀者服務中心‧中國深圳市羅湖區立新路六號羅湖商業大廈負一層〇〇八室
電話號碼：(852)67150840
網址：publish.sunyata.cc
電郵：sunyatabook@gmail.com
網店：http://book.sunyata.cc
淘寶店地址：https://shop210782774.taobao.com
微店地址：https://weidian.com/s/1212826297
臉書：https://www.facebook.com/sunyatabook
讀者論壇：http://bbs.sunyata.cc/

版次：二零一五年七月初版
平裝

　　　港幣　　一百五十八元正
定價：人民幣　一百五十八元正
　　　新台幣　六百二十八元正

國際書號：ISBN 978-988-8316-91-5

香港發行：香港聯合書刊物流有限公司
地址：香港新界大埔汀麗路36號中華商務印刷大廈3樓
電話號碼：(852)2150-2100
傳真號碼：(852)2407-3062
電郵：info@suplogistics.com.hk

台灣發行：秀威資訊科技股份有限公司
地址：台灣台北市內湖區瑞光路七十六巷六十五號一樓
電話號碼：+886-2-2796-3638
傳真號碼：+886-2-2796-1377
網絡書店：www.bodbooks.com.tw
台灣國家書店讀者服務中心：
地址：台灣台北市中山區松江路二〇九號一樓
電話號碼：+886-2-2518-0207
傳真號碼：+886-2-2518-0778
網絡書店：http://www.govbooks.com.tw

中國大陸發行　零售：深圳心一堂文化傳播有限公司
深圳地址：深圳市羅湖區立新路六號羅湖商業大廈負一層〇〇八室
電話號碼：(86)0755-82224934

心一堂微店二維碼

心一堂淘寶店二維碼

心一堂術數古籍 珍本 整理 叢刊 總序

術數定義

術數，大概可謂以「推算（推演）、預測人（個人、群體、國家等）、事、物、自然現象、時間、空間方位等規律及氣數，並或通過種種『方術』，從而達致趨吉避凶或某種特定目的」之知識體系和方法。

術數類別

我國術數的內容類別，歷代不盡相同，例如《漢書・藝文志》中載，漢代術數有六類：天文、曆譜、五行、蓍龜、雜占、形法。至清代《四庫全書》，術數類則有：數學、占候、相宅相墓、占卜、命書、相書、陰陽五行、雜技術等，其他如《後漢書・方術部》、《藝文類聚・方術部》、《太平御覽・方術部》等，對於術數的分類，皆有差異。古代多把天文、曆譜、及部分數學均歸入術數類，而民間流行亦視傳統醫學作為術數的一環；此外，有些術數與宗教中的方術亦往往難以分開。現代民間則常將各種術數歸納為五大類別：命、卜、相、醫、山，通稱「五術」。

本叢刊在《四庫全書》的分類基礎上，將術數分為九大類別：占筮、星命、相術、堪輿、選擇、三式、讖諱、理數（陰陽五行）、雜術（其他）。而未收天文、曆譜、算術、宗教方術、醫學。

術數思想與發展——從術到學，乃至合道

我國術數是由上古的占星、卜筮、形法等術發展下來的。其中卜筮之術，是歷經夏商周三代而通過「龜卜、蓍筮」得出卜（筮）辭的一種預測（吉凶成敗）術，之後歸納並結集成書，此即現傳之《易

經》。經過春秋戰國至秦漢之際，受到當時諸子百家的影響、儒家的推崇，遂有《易傳》等的出現，原本是卜筮術書的《易經》，被提升及解讀成有包涵「天地之道（理）」之學。因此，《易・繫辭傳》曰：「易與天地準，故能彌綸天地之道。」

漢代以後，易學中的陰陽學說，與五行、九宮、干支、氣運、災變、律曆、卦氣、讖緯、天人感應說等相結合，形成易學中象數系統。而其他原與《易經》本來沒有關係的術數，如占星、形法、選擇，亦漸漸以易理（象數學說）為依歸。《四庫全書・易類小序》云：「術數之興，多在秦漢以後。要其旨，不出乎陰陽五行，生尅制化。實皆《易》之支派，傅以雜說耳。」至此，術數可謂已由「術」發展成「學」。

及至宋代，術數理論與理學中的河圖洛書、太極圖、邵雍先天之學及皇極經世等學說給合，通過術數以演繹理學中「天地中有一太極，萬物中各有一太極」（《朱子語類》）的思想。術數理論不單已發展至十分成熟，而且也從其學理中衍生一些新的方法或理論，如《梅花易數》、《河洛理數》等。

在傳統上，術數功能往往不止於僅僅作為趨吉避凶的方術，及「能彌綸天地之道」的學問，亦有其「修心養性」的功能，「與道合一」（修道）的內涵。《素問・上古天真論》：「上古之人，其知道者，法於陰陽，和於術數。」數之意義，不單是外在的算數、歷數、氣數，而是與理學中同等的「道」、「理」--心性的功能，北宋理氣家邵雍對此多有發揮：「聖人之心，是亦數也」、「萬化萬事生乎心」、「心為太極」。《觀物外篇》：「先天之學，心法也。……蓋天地萬物之理，盡在其中矣，心一而不分，則能應萬物。」反過來說，宋代的術數理論，受到當時理學、佛道及宋易影響，認為心性本質上是等同天地之太極。天地萬物氣數規律，能通過內觀自心而有所感知，即是內心也已具備有術數的推演及預測、感知能力；相傳是邵雍所創之《梅花易數》，便是在這樣的背景下誕生。

《易・文言傳》已有「積善之家，必有餘慶；積不善之家，必有餘殃」之說，至漢代流行的災變說及讖緯說，我國數千年來都認為天災，異常天象（自然現象），皆與一國或一地的施政者失德有關；下至家族、個人之盛衰，也都與一族一人之德行修養有關。因此，我國術數中除了吉凶盛衰理數之外，人心的德行修養，也是趨吉避凶的一個關鍵因素。

術數與宗教、修道

在這種思想之下，我國術數不單只是附屬於巫術或宗教行為的方術，又往往是一種宗教的修煉手段--通過術數，以知陰陽，乃至合陰陽（道）。「其知道者，法於陰陽，和於術數。」例如，「奇門遁甲」術中，即分為「術奇門」與「法奇門」兩大類。「法奇門」中有大量道教中符籙、手印、存想、內煉的內容，是道教內丹外法的一種重要外法修煉體系。甚至在雷法一系的修煉上，亦大量應用了術數內容。此外，相術、堪輿術中也有修煉望氣（氣的形狀、顏色）的方法；堪輿家除了選擇陰陽宅之吉凶外，也有道教中選擇適合修道環境（法、財、侶、地中的地）的方法，以至通過堪輿術觀察天地山川陰陽之氣，亦成為領悟陰陽金丹大道的一途。

易學體系以外的術數與的少數民族的術數

我國術數中，也有不用或不全用易理作為其理論依據的，如揚雄的《太玄》、司馬光的《潛虛》。也有一些占卜法、雜術不屬於《易經》系統，不過對後世影響較少而已。

外來宗教及少數民族中也有不少雖受漢文化影響（如陰陽、五行、二十八宿等學說。）但仍自成系統的術數，如古代的西夏、突厥、吐魯番等占卜及星占術，藏族中有多種藏傳佛教占卜術、苯教占卜術、擇吉術、推命術、相術等；北方少數民族有薩滿教占卜術；不少少數民族如水族、白族、布朗族、佤族、彝族、苗族等，皆有占雞（卦）草卜、雞蛋卜等術，納西族的占星術、占卜術，彝族畢摩的推命術、占卜術……等等，都是屬於《易經》體系以外的術數。相對上，外國傳入的術數以及其理論，對我國術數影響更大。

曆法、推步術與外來術數的影響

我國的術數與曆法的關係非常緊密。早期的術數中，很多是利用星宿或星宿組合的位置（如某星在某州或某宮某度）付予某種吉凶意義，并據之以推演，例如歲星（木星）、月將（某月太陽所躔之宮次）等。不過，由於不同的古代曆法推步的誤差及歲差的問題，若干年後，其術數所用之星辰的位置，已與真實星辰的位置不一樣了；此如歲星（木星），早期的曆法及術數以十二年為一周期（以應地支），與木星真實周期十一點八六年，每幾十年便錯一宮。後來術家又設一「太歲」的假想星體來解決，是歲星運行的相反，週期亦剛好是十二年。而術數中的神煞，很多即是根據太歲的位置而定。又如六壬術中的「月將」，原是立春節氣後太陽躔娵訾之次而稱作「登明亥將」，至宋代，因歲差的關係，要到雨水節氣後太陽才躔娵訾之次，當時沈括提出了修正，但明清時六壬術中「月將」仍然沿用宋代沈括修正的起法沒有再修正。

由於以真實星象周期的推步術是非常繁複，而且古代星象推步術本身亦有不少誤差，大多數術數除依曆書保留了太陽（節氣）、太陰（月相）的簡單宮次計算外，漸漸形成根據干支、日月等的各自起例，以起出其他具有不同含義的眾多假想星象及神煞系統。唐宋以後，我國絕大部分術數都主要沿用這一系統，也出現了不少完全脫離真實星象的術數，如《子平術》、《紫微斗數》、《鐵版神數》等。後來就連一些利用真實星辰位置的術數，如《七政四餘術》及選擇法中的《天星選擇》，也已與假想星象及神煞混合而使用了。

隨着古代外國曆（推步）、術數的傳入，如唐代傳入的印度曆法及術數，元代傳入的回回曆等，其中我國占星術便吸收了印度占星術中羅睺星、計都星等而形成四餘星，又通過阿拉伯占星術而吸收了其中來自希臘、巴比倫占星術的黃道十二宮、四大（四元素）學說（地、水、火、風），並與我國傳統的二十八宿、五行說、神煞系統並存而形成《七政四餘術》。此外，一些術數中的北斗星名，不用我國傳統的星名：天樞、天璇、天璣、天權、玉衡、開陽、搖光，而是使用來自印度梵文所譯的：貪狼、巨門、祿存、文曲，廉貞、武曲、破軍等，此明顯是受到唐代從印度傳入的曆法及占星術所影響。如星命術中的《紫微斗數》及堪輿術中的《撼龍經》等文獻中，其星皆用印度譯名。及至清初《時憲曆》，置閏之法則改用西法「定氣」。清代以後的術數，又作過不少的調整。

此外，我國相術中的面相術、手相術，唐宋之際受印度相術影響頗大，至民國初年，又通過翻譯歐西、日本的相術書籍而大量吸收歐西相術的內容，形成了現代我國坊間流行的新式相術。

陰陽學——術數在古代、官方管理及外國的影響

術數在古代社會中一直扮演着一個非常重要的角色，影響層面不單只是某一階層、某一職業、某一年齡的人，而是上自帝王，下至普通百姓，從出生到死亡，不論是生活上的小事如洗髮、出行等，大事如建房、入伙、出兵等，從個人、家族以至國家，從天文、氣象、地理到人事、軍事，從民俗、學術到宗教，都離不開術數的應用。我國最晚在唐代開始，已把以上術數之學，稱作陰陽（學），行術數者稱陰陽人。（敦煌文書、斯四三二七唐《師師漫語話》：「以下說陰陽人謾語話」，此說法後來傳入日本，今日本人稱行術數者為「陰陽師」）。一直到了清末，欽天監中負責陰陽術數的官員中，以及民間術數之士，仍名陰陽生。

古代政府的中欽天監（司天監），除了負責天文、曆法、輿地之外，亦精通其他如星占、選擇、堪輿等術數，除在皇室人員及朝庭中應用外，也定期頒行日書、修定術數，使民間對於天文、日曆用事吉凶及使用其他術數時，有所依從。

我國古代政府對官方及民間陰陽學及陰陽官員，從其內容、人員的選拔、培訓、認證、考核、律法監管等，都有制度。至明清兩代，其制度更為完善、嚴格。

宋代官學之中，課程中已有陰陽學及其考試的內容。（宋徽宗崇寧三年〔一一零四年〕崇寧算學令：「諸學生習……並曆算、三式、天文書。」「諸試……三式即射覆及預占三日陰陽風雨。天文即預

定一月或一季分野災祥，並以依經備草合問為通。」

金代司天臺，從民間「草澤人」（即民間習術數人士）考試選拔：「其試之制，以《宣明曆》試推步，及《婚書》、《地理新書》試合婚、安葬，並《易》筮法，六壬課、三命、五星之術。」（《金史》卷五十一．志第三十二．選舉一）

元代為進一步加強官方陰陽學對民間的影響、管理、控制及培育，除沿襲宋代、金代在司天監掌管陰陽學及中央的官學陰陽學課程之外，更在地方上增設陰陽學課程（《元史．選舉志一》：「世祖至元二十八年夏六月始置諸路陰陽學。」）地方上也設陰陽學教授員，培育及管轄地方陰陽人。（《元史．選舉志一》：「（元仁宗）延祐初，令陰陽人依儒醫例，於路、府、州設教授員，凡陰陽人皆管轄之，而上屬於太史焉。」）自此，民間的陰陽術士（陰陽人），被納入官方的管轄之下。

至明清兩代，陰陽學制度更為完善。中央欽天監掌管陰陽學，明代地方縣設陰陽學正術，各州設陰陽學典術，各縣設陰陽學訓術。陰陽人從地方陰陽學肆業或被選拔出來後，再送到欽天監考試。（《大明會典》卷二二三：「凡天下府州縣舉到陰陽人堪任正術等官者，俱從吏部送（欽天監），考中，送回選用；不中者發回原籍為民，原保官吏治罪。」）清代大致沿用明制，凡陰陽術數之流，悉歸中央欽天監及地方陰陽官員管理、培訓、認證。至今尚有「紹興府陰陽印」、「東光縣陰陽學記」等明代銅印，及某某縣某某之清代陰陽執照等傳世。

清代欽天監漏刻科對官員要求甚為嚴格。《大清會典》「國子監」規定：「凡算學之教，設肄業生。滿洲十有二人，蒙古、漢軍各六人，於各旗官學內考取。漢十有二人，於舉人、貢監生童內考取。附學生二十四人，由欽天監選送。教以天文演算法諸書，五年學業有成，舉人引見以欽天監博士用，貢監生童以天文生補用。」學生在官學肄業、貢監生肄業或考得舉人後，經過了五年對天文、算法、陰陽學的學習，其中精通陰陽術數者，會送往漏刻科。而在欽天監供職的官員，《大清會典則例》「欽天監」規定：「本監官生三年考核一次，術業精通者，保題升用。不及者，停其升轉，再加學習。如能黽勉供職，即予開復。仍不及者，降職一等，再令學習三年，能習熟者，准予開復，仍不能者，黜退。」除定期考核以定其升用降職外，《大清律例》中對陰陽術士不準確的推斷（妄言禍福）是要治罪的。《大清律例·一七八·術七·妄言禍福》：「凡陰陽術士，不許於大小文武官員之家妄言禍福，違者杖一百。其依經推算星命卜課，不在禁限。」大小文武官員延請的陰陽術士，自然是以欽天監漏刻科官員或地方陰陽官員為主。

官方陰陽學制度也影響鄰國如朝鮮、日本、越南等地，一直到了民國時期，鄰國仍然沿用着我國的多種術數。而我國的漢族術數，在古代甚至影響遍及西夏、突厥、吐蕃、阿拉伯、印度、東南亞諸國。

術數研究

術數在我國古代社會雖然影響深遠，「是傳統中國理念中的一門科學，從傳統的陰陽、五行、九宮、八卦、河圖、洛書等觀念作大自然的研究。……傳統中國的天文學、數學、煉丹術等，要到上世紀中葉始受世界學者肯定。可是，術數還未受到應得的注意。術數在傳統中國科技史、思想史，文化史、社會史，甚至軍事史都有一定的影響。……更進一步了解術數，我們將更能了解中國歷史的全貌。」（何丙郁《術數、天文與醫學中國科技史的新視野》，香港城市大學中國文化中心。）

可是術數至今一直不受正統學界所重視，加上術家藏秘自珍，又揚言天機不可洩漏，「（術數）乃吾國科學與哲學融貫而成一種學說，數千年來傳衍嬗變，或隱或現，全賴一二有心人為之繼續維繫，賴以不絕，其中確有學術上研究之價值，非徒癡人說夢，荒誕不經之謂也。其所以至今不能在科學中成立一種地位者，實有數因。蓋古代士大夫階級目醫卜星相為九流之學，多恥道之；而發明諸大師又故為惝恍迷離之辭，以待後人探索；間有一二賢者有所發明，亦秘莫如深，既恐洩天地之秘，復恐譏為旁門左道，始終不肯公開研究，成立一有系統說明之書籍，貽之後世。故居今日而欲研究此種學術，實一極困難之事。」（民國徐樂吾《子平真詮評註》，方重審序）

現存的術數古籍，除極少數是唐、宋、元的版本外，絕大多數是明、清兩代的版本。其內容也主要是明、清兩代流行的術數，唐宋或以前的術數及其書籍，大部分均已失傳，只能從史料記載、出土文獻、敦煌遺書中稍窺一鱗半爪。

術數版本

坊間術數古籍版本，大多是晚清書坊之翻刻本及民國書賈之重排本，其中豕亥魚魯，或任意增刪，往往文意全非，以至不能卒讀。現今不論是術數愛好者，還是民俗、史學、社會、文化、版本等學術研究者，要想得一常見術數書籍的善本、原版，已經非常困難，更遑論如稿本、鈔本、孤本等珍稀版本。在文獻不足及缺乏善本的情況下，要想對術數的源流、理法、及其影響，作全面深入的研究，幾不可能。

有見及此，本叢刊編校小組經多年努力及多方協助，在海內外搜羅了二十世紀六十年代以前漢文為主的術數類善本、珍本、鈔本、孤本、稿本、批校本等數百種，精選出其中最佳版本，分別輯入兩個系列：

一、心一堂術數古籍珍本叢刊

二、心一堂術數古籍整理叢刊

前者以最新數碼（數位）技術清理、修復珍本原本的版面，更正明顯的錯訛，部分善本更以原色彩色精印，務求更勝原本。并以每百多種珍本、一百二十冊為一輯，分輯出版，以饗讀者。

後者延請、稿約有關專家、學者，以善本、珍本等作底本，參以其他版本，古籍進行審定、校勘、注釋，務求打造一最善版本，方便現代人閱讀、理解、研究等之用。

限於編校小組的水平，版本選擇及考證、文字修正、提要內容等方面，恐有疏漏及舛誤之處，懇請方家不吝指正。

心一堂術數古籍 珍本 整理 叢刊編校小組

二零零九年七月序

二零一四年九月第三次修訂

提要

《陽宅覺元氏新書》，原書二冊二卷。【清】元祝垚撰，【清】張蔭堂註。線裝。今據虛白廬藏民國庚午（一九三零年）煙台誠文信書坊刊本清理重刊。

元祝垚，字皞農，號又元子。天津靜海會川人。生卒年不詳。精易、丹道及堪輿。清末數十年間以堪輿聞名於天津及畿南（今海河以南、沿南運河兩岸的河北省東南部，以及山東省德州市東部地區），人稱「神術先生」。著有《地理辨正疏批論》、《天元五歌批論》、《歸厚錄批論》、《地理囫圇語》、《陽宅覺元氏新書》（以上合刊成《棣華堂地學五種》），後又編為《玄空真解》）、《地靈存驗記》、《地理從眾》等。門人有文安張蔭堂（字惠南）、大城傅榮昌（字光遠）、武清周繼先（字遠齋）、天津陳元亮（字康侯）、金州曲克汶（字子源）、大連孫元公（字益之）、大連劉貴信（字子和）、大連劉煥　（字鴻仔）、山東隋振登、復縣曲海令（字福如），及甥靳之炘（字筱園）、子元壽恆等。

本書是由元祝垚口述，經弟子張蔭堂筆錄，再由張氏補註。書成於【清】光緒二十三年（一八九七年）。書分上下二卷，合共二十四章。

書中釋陰陽二宅之理本是相同，受氣也為一致：「陽基陰地……同受兩儀之氣。」再以九星八卦（元空大卦）論衰旺。不過，乘氣方法則有所不同：「陽基純用外氣，與陰地取內氣不同。」

書中力辟當時民間流行之「八宅遊年法」，倡元空大卦之陽宅法。清代三元玄空家不同流派，雖然於陰宅的理氣（如立向等）上，分歧較大，但於陽宅法則大致相同，俱宗蔣大鴻《天元歌・陽宅》、《陽宅指南》等篇，其法比較簡單，一如本書中所述，乃從陽宅之外局（論從城市街道中辨來龍、用風用水之法等）、堂氣局氣（如嶠星、空缺、空閉等）、宅命（略同今人之宅向）、宅體（形勢）、門路（隨門定卦之法）等幾個方面，去看是否乘當元旺氣，以論宅之吉凶，並以「抽爻換象」之法作陽宅改造。此與現今坊間流行的「玄空」術，以宅向或門向起飛星盤來定吉凶之法不同。書中又附有不少案例，今之習三元玄空者，當參考之。

本書雖曾在坊間重印，可惜是石印之重鈔本，內容有刪改錯漏之處。為令本書本來面目不致湮沒，特以最新技術將原書清理修復，精印重刊，一以作堪輿資料保存，一以供同道中人參考研究。

中華民國歲次庚午冬月

陽宅覺

煙台誠文信書坊印

凡例

一陽宅亦地學中事。苟能究乎卦象之本源以明乎陰陽之至道。則善相地者。自善相宅。原無庸另有專書。今之是作。從俗也。俗以陽宅之理。淺而易知。故人人皆欲學之。以便家用。而不知其中奧義亦原於天非眞易知也。故是書凡言卦理之奧。皆僅舉其當然其所以然則略之。雖爲得半之學。而人之稍有智慧者。皆可由之以明趨避。故取義必戒其深。措語不嫌於俚。

一是作雖專尚淺近。然陰陽之秘。理氣之微。若不略爲指

陳則入門無路故陰陽理氣篇等略言其所以然之故然亦婦孺能知之說凡鉤元索隱竭力掃除仍不失爲淺近也

一是作所言皆先賢口傳心授之法迥與俗術不同若天醫福德纏擾胸中雖日讀此書亦難與適道

一卷中所言各法皆百試百驗然亦須善悟者心領神會得其眞機自不滯於一隅之舉

一河洛之數分之合之皆有妙理祇能看熟新式羅經則用法皆在其中但此羅經惟福建有賣者苟無此羅經

則是書直等於無用矣。余每自造與人。殊難遍及。因教吾鄉王子勤照式爲之。所造亦甚工整。遂使多造。來津寄售。庶有心學此者。不至因羅經難求。以致意阻。

一是作草錄初稿。好事者卽爭相傳鈔。欲加修改。今尚未能。語句粗疏。議論鄙俚。所未免也。閱者諒之。

一是作因友人張子惠南。李子介臣。幷吾老友張子秀峯。慫恿爲之。倉猝而就。其中賸義尚多俟續集詳補。

陽宅覺元氏新書目錄

卷下

序

風水之說尙矣而迂儒滯士往往矯焉弗信亦何必然耶夫古有其說是必有其所以然之故存乎其間觀漢唐以來風水之驗載在典籍者歷歷可數苟無其故亦何能響應若是也乎竊以推之風水之機必能潛通乎造化之心而得其感應之妙而後風水始靈噫此豈同乎偶然者哉考陰符序曰黃帝陰符三百言百言演道百言演法百言演術風水固術中事也故曰不知陰符不足以談風水昔黃石以靑囊三卷授子房遂以興漢當項之強虜不之敵

陽宅覺 十一

子房遣人潛之江東授以術尋其先邱而鎮壓之項遂敗
固知青囊三卷而風水之術寓於中矣蓋天地感召之機
彌於宇宙識其機者任所用之則未有不靈故明乎道未
有不精乎術者然闡道之書陰符而外惟有三易故張鏡
心曰陰符總其持三易綜其變是眞知道者之言歟故孔
聖一生拳拳於易而後世丹竈家律歷家兵法家亦未有
外乎易而能善其法精其術者今則陰符之祕不傳三易
僅存其一幸有方外之說如參同契悟眞篇等書頗能輔
翼周易以闡陰符之奧故周易之於天地機無不發變無

不窮凡陰符所括於天地者周易無不包故必明乎周易乃可以窺天地感應之妙而潛通乎造化之心以至於道而精乎術也吾鄉　暐農元君少嗜易固以能曉丹竈家言爰於舉業之暇旁及風水凡爲人卜居卜葬吉皆應響畿南數百里咸稱曰神術先生苟非能明其所以然之故而能若是耶丙申夏遇於津見所著陽宅覺二卷展讀數過意殷殷不忍置詞雖淺近義極精微殊非尋常家所能道其隻字蓋言皆原於周易祖於陰符兼旁參乎丹竈之旨術也合於道矣但元君頗自秘惜不欲遠宣方將什襲

之以待知者劉君紹顏曰不使天下共見是書余心終不快竊亦謂然遂商以付梓因並核風水所以然之故究其大略書於簡端以質諸留心是道者時

光緒丙申五月中浣世愚小弟劉汝驥拜譔於津門旅邸

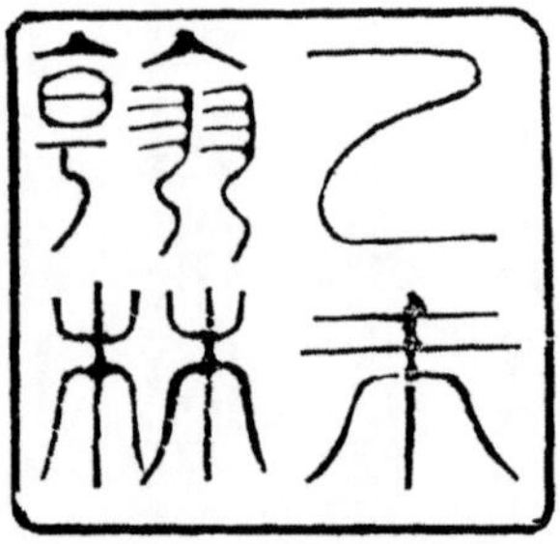

庚辛間余游畿南聞又元子堪輿之妙十數郡國如一口
竊訝其何術之神而令人傾慕若此壬午春乃相遇於霸
州東鄙之小瀛洲傾談之下始知又元子名祝垚字皡農
津郡之靜海人也人以其入道元微故取道德經元之又
元之誼以爲別號其姓因避諱改作鉉又作元凡明史及
國朝省志所載鉉某元某皆其遠祖洵津門之王謝與余
固通家也由是彼此往還久之始覺向所聞又元子之名
猶未足盡其精妙也不禁喟然嘆曰堪輿之學藝術也而
又元子蓋幾於道矣夫天地之道大無外而小無內惟周

易一書能括其全又元學本三易又旁求乎丹家之參同契悟眞篇入藥鏡等書均能見道之源以顯道之用噫是安得僅以藝術目之哉其於靑烏諸書箸有地靈存驗記囫圇語地理從衆數種遠近傳鈔殆遍冀北今又箸陽宅二卷力辨俗說之非發明至道之蘊名之曰陽宅覺蓋欲爲當時棒喝使天下之誤於俗說者共覺之也余以是書有裨於人生日用急勸付梓以公同好閱是書者當不以余言爲河漢也

光緒二十三年丁酉秋月下浣世愚弟劉桂芬拜序

弁言

覺之爲言無不覺也何以謂之無不覺獨覺而能使天下覺也天下何以有不覺習故也因其習遂不復有察之念存無察之念存則因而仍之永久而不知其弊有知其弊者則覺者也覺在人先故曰先覺先覺者出憫斯人之迷於不覺乃諄諄以覺之其不覺者方茫然謬於習也猝聞覺之之言反以先覺爲迷於異而不能自覺遂譁然相譏羣驚爲怪噫是亦安得而強覺之哉不能強覺斯覺之術窮乃不得不筆之於書以待後之能覺者此百家之書所

由作也至相宅之術之於百家亦小術矣覺不覺奚足論然而人之居處優遊乎二氣之間有所順逆則壽夭係焉生滅關焉亦豈細故也耶乃當世之人謬於習見之法昧昧遞傳漫不加察接踵受禍羣競相仍斯亦不覺之是者矣張生惠南不忍視此不覺之遺害乞余言以覺之夫余固非能覺者也惟其先亦嘗謬於習見而不覺幸遇先覺覺之雖未即覺而先覺覺我之言蓋嘗默識之未敢忘因感張生覺世之心切遂述先覺之所以爲覺者作陽宅覺其說雖迥殊於習其理則無異於常竊願能察者因端啟

悟漸至大覺焉卽因其所覺覺天下之不覺以至於無不覺於是乎人皆知察習不足以囿其明凡所居處得順二氣以優遊然後相宅得眞詮生民無枉禍則覺之量足而張生覺世之心亦庶幾大慰矣時

光緒丙申初夏上浣會川又元子書於津門閻氏之居敬齋

陽宅覺元氏新書卷上

會川又元子元祝垚皞農氏著
受業文安張蔭堂惠南氏註

明義第一

陽基人之所居。出入動作。飲食寢處。皆於是賴。故須避凶趨吉。以養天和。庶幾生息蕃庶。得盡天年。苟遭其凶。則絕滅立至。所最驗也。夫廓然天地。陰陽之氣。互相往來。乃有城市鄉村。屹然突起。於廓然之中。而其往來之氣。乃有宛轉迴旋順逆向背之變。故相宅者。當先審其來者何蹤。往者何跡因其所變乘其當時故善乘氣者貴因二氣之衰旺以施妙造於無方然後乾坤二用變化在我故能竊天地之權柄奪造化之神機於是持指南論興廢莫不應驗如響也

（註）凡事皆有所以然之故不明其故僅循當然之成迹未有能變化從心者也此開章明義欲言陽宅之吉凶先言陰陽二氣往來於廓然者之中而牆垣屋宇乃突然屹立於其間往來二氣不能無宛轉迴旋順逆向背之變善相宅者因其所變而乘之於以去衰就旺施其

妙用。苟明乎此。則造物無權。其妙處則皆在乎善因也。善因則雖有作用。仍皆本乎自然。故能竊天地之權柄奪造化之神機。乾坤二用者。天地之主宰。萬事萬物。生滅輪迴。皆由於此。其中奧義。非筆舌所能道。而其衰旺之辨。則確有法程。蓋衰旺有運。運起於北斗之樞。北斗合輔弼爲九星。九星下應九宮。渾淪一氣。九宮者。洛書也。洛書之數。運行乎河圖之數。參伍錯綜。以充塞乎兩大之間。而衰旺之機。時時露其朕兆。但時師不之識耳。如欲識之。當先察之於元空大卦。元空大卦者。周易之

六十四卦也兩卦分掌旦暮疊運四時參同契所謂朔旦屯執事至暮蒙當受者此也三元九運各有主卦詳於後論

正誤第二

三代以下之書大半多誤聖學中賴有程朱正訂而邪說頓息至於數術之學如醫卜星相各家類皆彼此相譏各是其說有不誤者蓋亦鮮矣若夫陰陽家書尤半非通儒著作其眞知之者蓋常隱秘其說不欲漫以示人凡有成書非淺鄙陋劣卽附會支離以誤傳誤害將胡底其眞知

道者自前明迄今劉靑田一人而已其所藏之書又皆付之祝融絕無遺本凡今所傳靑田諸書皆僞托之作非眞本也古書存者郭景純葬經而外惟有靑囊天玉寶照奧語等篇其議論渾括難詳用法後世强爲之解皆鹵莽滅裂之辭由是廬山眞面反爲雲煙久掩矣自蔣子大鴻得方外之傳古書始得眞解而僞託蔣氏者又羣焉競起妄說橫行如乾坤法竅地理正宗四秘全書地理錄要辨正補義辨正再辨等書自謂爲蔣氏羽翼其實皆蔣氏蟊賊也張子綺石述蔣氏之書而爲之疏然後不磨之論昭於

今古自張氏之疏出正若烈日當空而爝光燐火自然隱晦矣夫地理之書原合陰陽二宅爲一家蓋以天地祇一理陰陽無二氣原無庸另立專門別開路逕乃無知妄作者竟以專家自命爭相著書無何而陽宅專書竟至汗牛充棟其習見俗本如陽宅必用陽宅大全陽宅愛衆陽宅三要等種類繁多固無足論其載入子書者如黃帝宅經地輿宅經三元宅經文王宅經孔子宅經天老宅經劉根宅經元女宅經司馬天師宅經淮南子宅經王微宅經司最宅經劉晉平宅經張子亮宅經八卦宅經五兆宅經元

悟宅經。六十四卦宅經。右盤龍宅經。李淳風宅經。五姓宅經。呂才宅經。飛陰亂伏宅經。子夏金門宅經。刁曇宅經。其不以經名者。如宅錦宅撓宅統宅鏡等。所言不無可取。然亦未盡合於道也。今俗傳所尚。大約以翻卦遊年。挨數門主爲要法。其法以北斗七星。合八卦翻轉。鉛彈子入地眼等書。盡詳其說。茲不贅。其用法。有在門上起星者。有在主上起星者。在門上起者。如巽門則曰巽天五六禍生絕延。得坎主爲生氣貪狼木。在主上起者。如坎主則曰坎五天生延絕禍六。得巽門亦爲生氣貪狼木。爲最吉。餘卦倣此推之其於層間則用竹節貫井之法亦曰七星穿宮之法如巽門向南之宅從門數到向爲天醫巨門土第二層則爲延年武曲金第三層則爲六煞文曲水四層則爲生氣貪狼木五層則爲五鬼廉貞火其有六七層者則爲動變之宅種種妄說毫無一驗而時人皆奉爲枕秘信若神明一有不合則謂有莫大之災嗚呼此其遺誤伊於胡底吾獨異世人篤信其說并不知反而察之也果如其法則坎主巽門互爲生氣宜乎吉矣何一宅吉而一宅又凶乎何比鄰兩家皆同此宅一家前貧而今富一家又前富而今

貧乎。又如坎主坤門。或坎主乾兌門。皆互爲絕命禍害六煞。宜乎凶矣。試思親友之家。居此宅者。往往不少居之而吉。居之且大吉者。有乎無乎。凡居處大約坎主者多。果如其法。則南北街巷路東之坎宅。皆不得開門西向。何西向之門。不皆凶乎。路西東向之門。宜乎皆吉。何東向之門。又不皆吉乎。此中之故。非不易知。但人皆不及察耳。果有能察者。留心廣覽。以遊年之法。歷驗當時。十家有幾驗者。有幾不驗者。見其不驗者多。自知遊年之不足信矣。相宅者必先知遊年之不足信。然後可與入道也。

(註)陽基陰地。同在天地之間。卽同受兩儀之氣。原不能殊軌分途。各立一法。師曰。天地祗一理。陰陽無二氣。實當頭喝棒之言。讀者自當猛醒。夫爲學者必先正其歧途之誤。然後可引之就道。故正誤一篇。最爲關緊。自陽宅有專家。竟使陽基陰地法各殊途。誤之甚也。按陽基陰地。法亦微有不同者。其不同處。則專在乘氣。嘗聞之師曰。陰地以內氣爲宗。陽基以外氣爲用。外氣則浮。內氣則沈。沈則陰偏。當以陽濟。浮則陽盛。當以陰含。陰不能含。則陽之浮者易散。陽不能濟。則陰之沈者常凝。凝

則不生。散則不育。此陽基。陰地兩不相同之法也。至於陽陰二氣。陽基陰地。皆不外九星八卦。以論衰旺。茍有不合。則災禍立至。俗術亦知論八卦。但祗論八卦。則失八卦之眞精髓。所謂八卦者。乃八卦之上各加八卦。以之分東四西四。然後陽宅無遯情。此所謂元空大卦也。至遊年之福德天醫。雖亦從八卦翻來。用之無驗。不足取也。相宅者當先知俗術之誤。然後再取是書讀之。方許其可與入道。亦我師之苦心矣。

論龍第三

陽基原不以龍爲重然亦有得龍力而發者但陽基之龍不取秀嫩最喜粗猛蓋陽基外氣爲用龍若秀嫩則內氣不足勝外氣故爲無用惟粗猛之龍其氣渾淪雖爲內氣足勝外氣故能發福此等之龍槪皆荒村野店始能得之其氣專鍾於一家之宅或有四五家共乘一龍而發者其力則因偏正分强弱至於城市之中萬家比戶雖有來龍則爲公共之物可驗大局之興衰不關一家之禍福此等之宅又不以脈脊論龍祇以街巷割截論氣如南北街頂東西巷我居於街西巷南之東北角則收西南之來氣我

居於街西巷北之東南角則收西北之來氣矣。如止有南北街。我居於街西則收正西之來氣。居街東則又收正東之來氣矣。收來氣之法。蓋以街巷作水論。惟須審其坐落之處。四面街衢道路偏正遠近若何。目度心裁。自能得來氣之眞跡。秘訣云。陽基不易得來龍。若取來龍格不同。大幹大枝方有力。不喜秀麗喜粗雄。若是都城與廛市來龍何得覓踪跡。祇以來氣作來龍。但倚街衢尋妙諦。

(註)來龍易辨。來氣則極須斟酌。全憑心目之巧。認得其天然是處。若約略言之無益也。

論水第四

陽基取水與陰地同但須大水方爲有用若細微淺薄之水則無用矣常見時師論陽基之水特沾沾於雨滴簷溜牆下水溝與街巷高低雨流來去而前後左右有大沼小河反置之不論殊可怪也夫雨滴簷溜牆下水溝街巷雨流之水無論非日日常有之水卽常有之水如此細微淺薄亦不足以約束浮空之氣況雨流爲片時之水乎此雨流之水雖逆衝反跳不足爲殃環抱兜收亦不足爲福蓋水者所以界氣也陽基專取浮空之氣爲用故惟大水方

可約束之激盪之照耀之而爲吉凶之應若雨流之水淺薄已極安足變動浮空之氣使爲吉凶乎故陽基論水必先看其遠近廣狹大小長短與此宅之遠近廣狹大小高低相稱與否如形勢相稱則此水之動氣可以掉動此宅之浮氣掉動此宅之浮氣則宅之浮氣與水之浮光兩相交感而吉凶於是乎兆焉能明乎此則雨流無用當自知之夫陽宅之於雨流如萬金富家之於一文錢得之失之皆未在意又何損益之有哉

(註)陽基純用外氣與陰地之取內氣不同陰地近穴之

處。點滴之水。分寸高低。皆爲抱穴眞機。陽基則專取外氣。外氣者。浮空之氣也。浮空之氣。渙散瀰漫。非大水不能約之使靜。亦非大水不能激之使動。有動有靜。而後吉凶之兆呈焉。然此等大水。惟荒村野店易於得之。城市之中。萬家比戶。則難得此水。其不能得此大水者。則取風作水論。莊子云。大塊噫氣。其名爲風。風卽氣也。蓋氣之有聲者爲風。有形者爲水。風與水原無二致。世人只知用水。不知用風。且喜水而惡風。此皆讀書不求甚解之過也。經云。氣乘風則散。界水則止。人遂疑水能止氣。風能散氣。故見水則喜之。見風則惡之。豈知經言重在乘界二字。非以風水分優劣也。故蔣子註云。風原不能散氣。所以噓之使散者。病在乎乘。水原不能止氣。所以吸之使止者。妙在乎界。經文乃一筆兩面之語。言乘風則散。卽可知乘水亦散也。界水則止。卽可知界風亦止也。但界風之義。人多由之而不知之。凡一切乾流。皆借風力之往來以束氣。非僅待不時之雨水也。故風力之約氣使靜。激氣使動。與水力相同。陽宅之用風。凡街巷之曲直斜正。皆風道也。風道不異水道。故有街巷直

衝朝來斜插朝來委曲拱來皆可以分衰旺定吉凶與水無異師嘗以此諄諄於棠今未論及故特補之

五要第五

五要者門路衢嶠缺也一曰門門者蓋合此宅內外諸門而言非僅言街門也陽宅從門引氣直至臥室一門不合即非全吉夫陽宅門口一如陰宅之水口陰宅水口放水謂之出煞煞者衰死之氣也衰死之氣足爲凶禍故必將水口放在本元衰死之方使其往來衝激以盪散煞氣則滿盤皆旺氣矣陽宅之門口亦然亦必開在本元煞氣之

方借人之出入往來以衝激煞氣而使之盪散煞氣盪散則旺氣充滿然必須門門與宅命相合如宅命爲西四宅諸門皆須西四宅猶須認眞本元之氣必使門門皆入旺而出衰然後能發富貴所最要也

(註)內房門時師皆略之而不知其尤爲要緊嘗見吾師爲人移改內房門左右半尺許卽有添丁之驗烏可忽諸

二曰路路者兼言內路外路也外路爲宅外之路內路者宅內門向斜正之綫爲人所往來之地卽內路也如自大

門斜向二門二門斜向兩旁之門各有往來之路是也凡路皆須入旺出衰以養宅中旺氣

(註)內路步步與門同有一門始有一路也惟牆角與屏風轉灣處須審其何邊脚步重即是路也

三曰衢衖衢可以作界亦可以作朝須審其橫直方圓斜正廣狹以定宅之來氣以作宅之朝衝當與論龍論水兩篇參看

四曰嶠嶠嶠星也凡樓臺廟壇高屋高牆臨宅高聳者皆謂之嶠星或在鄰居或在本宅因其能障阻浮空之氣故

有關禍福。然須看其形之大小。勢之遠近。而後可度其於我宅相關與否。葢嶠星障阻浮空之氣。氣遇所阻。則勢必返迴。故謂之返氣迴風。如在甚遠。雖可望見其返迴之氣。不及我宅。則無關禍福。如雖在甚遠而形太高大。相度其勢。其返迴之氣可及我宅。則禍福必應。其氣之能及我宅與否。是當合大小遠近忖度之而得其眞情。約略言之無益也。果眞見其返迴之氣可及我宅。則當辨其衰旺。如形太高大而宅居其下。雖受旺氣。亦嫌太暴。凡氣必冲融和緩爲吉。猛暴則凶。故嶠星太近。須妨其猛暴也。如高屋大

房或在本宅或在鄰居皆能變化宅氣有宅命與門氣俱吉為嶠星變為凶者有宅命與門氣俱凶為嶠星變為吉者故嶠星最關緊要

(註)嶠星能變宅氣者其返迴之氣力重宅門之氣力輕故能壓奪而變其吉凶故一宅南房高而阻北氣當其旺元而吉至其敗元則又改為北房高而受南氣轉敗為旺確有元機詳後抽爻換象篇

五曰空缺空缺者一宅周環有不滿之處也此不滿之處或因房間之高低或因兩屋之相夾或在鄰宅或在本宅

祇因四圍遮護周完。獨此處顯出空缺。透入浮空之氣。亦能壓奪門宅之氣。而變易吉凶。

(註)空缺有在高者。有在低者。其在高之空缺。舉頭望之。四面周完。一處則有口。其在低之空缺。如四合房間整齊。或去其東廂。則院中偏缺。其無廂一邊則空矣。如此則宅氣另當偏取。或數院相連有一處院落偏大。房間多少不齊。亦爲空缺。是在臨時忖度之。

空閉第六

空閉之法。古人秘而不傳。惟口口相授。余今不憚洩漏。而顯露言之。有心人或可神其領悟得其秘要。當須珍重勿輕洩也。訣云。一空三閉是豪家。三空一閉亂如麻。若知閉裏求空法。立地珍珠滿鹿車。蓋言無閉則空不爲空。無空則閉難爲閉。必須從閉中求出空來。方爲有用之空。方爲有用之閉。蓋天地造物機關。祗在此些須。得此些須則蠢然者能動矣。麗然者有靈矣。失此些須則仍是前之蠢然麗然者。竟不靈不動矣。不靈不動。其蠢麗形質未嘗少減。乃無何化灰塵矣。故天地之機在乎微也。即卦象觀之。震坎艮爲男。巽離兌爲女。其男卦反陽少陰多。其女卦反陰少陽多由是知多者無用少者有用少者天地生生之眞機也故人身不足貴性與命足貴也於是知空閉之法空多則陽偏盛陽盛則渙渙則散散則不能生閉多則陰太重陰重則寒寒則凝凝則不能育故必於閉中求出空來然後陽濟陰陰含陽相感相戀生機頓發有不福祿畢臻者乎經曰陽以相陰陰以含陽又曰陽本陰陰育陽苟明乎此則造化在手能操禍福之柄烏得浪洩也哉

(註)棠從師遊十年於茲矣凡陰陽竅妙莫不剴切指陳惟此空閉之法未嘗顯示棠乃再三請師曰吾固未汝

隱也。吾蓋嘗言之。汝自不聞耳。言之不聞。强問何益。且我說了是死的。汝自得之是活的。强問奚爲。噫。至道固不易聞也。師令不憚洩漏。直言傾吐。已將元機說盡。讀是書者。且莫謂猶有所隱也。

形勢第七

形者。廣狹猗正之形也。勢者。遠近向背之勢也。形因勢見。勢借形成。四圍拱護。氣象端嚴。團聚之形也。高低鱗次向我有情。拱衞之形也。分而言之。地基有地基之形。房間有房間之形。地基之形。大概長爲木。方爲土。圓爲金。曲爲水。

尖爲火。此外兼形。如長者無論橫長直長。皆爲木矣。而長有轉折。則木兼土。方者無論長方扁方。皆爲土矣。而數方連錯。則土兼水。房間之形。如屋宇不峻。四面相等爲金。高聳爲木。極低而連數層爲水。中層獨高爲火。低平方正爲土。此外惡形。有金星捲翅。木星垂頭。水星蕩腰。火星拽尾。土星帶枷等名。此外又有推車。扛轎。塞胸。閉口。丁字。亡字。停棺。扛屍。折腰。搖尾等名。要皆以心目之巧。意會得之。不可拘執也。勢則有相向之勢。相背之勢。朝拱之勢。欺壓之勢。種種不一。大概山中之宅。其勢易知。平壤之宅。則勢或借乎鄰房之高下或借乎街道之來朝如遠有極高之屋層層漸低形如疊浪直至宅前則朝拜之勢也如宅前鄰房低平遠有特高之房接簷連棟則拱衞之勢也又如一街斜衝而來轉身環抱我宅則又纏護之勢也然形勢既佳亦須得本元旺氣方可論吉故曰形吉氣吉發福不已勢惡氣旺福亦無量故論形勢者不可略乎氣也

(註)陽宅不甚重形勢總以理氣衰旺爲關緊時師往往以地缺角爲嫌更以推車扛轎等爲口實其實未必病即在此也吾師論形勢而歸重於氣亦可知所指歸矣

理氣第八

理氣者。陰陽也。陰陽之先爲太極。太極渾淪。囊括萬象。無所謂理。無所謂氣。所謂無名萬物之始也。太極充足。不能終祕。其機一發。靜變爲動。於是乎輕清而升。重濁而降。一升一降。有主宰之以爲升降者。似乎理爲之體。氣爲之用。體用相依。流行不息。而兩儀立焉。兩儀立則無名者有名矣。升而上者名爲陽。降而下者名爲陰。所謂有名萬物之母也。夫陰陽雖判其名。而實則仍一理氣。故陰陽未嘗分。有理氣以鼓之。未嘗分者乃不得不分。陰陽雖已分。有理氣以貫之。雖已分者。仍終未分也。故言陰陽者。必言理氣天理理也。性理亦理也。氣之源也。文理理也。條理亦理也。氣之著也。故言理而氣在其中。言氣而理亦不能外也。理與氣互爲先後。蓋有理斯有氣。亦因氣始見理也。即天理性理言之。則理在氣先。即文理條理言之。則理在氣後也。其寂然不動者。天理也。性理也。氣固無從見也。動則見爲氣矣。既見爲氣。則剛柔寓焉。五行從焉。於是乎有風與寒也。暑與濕也。燥與火也。其風自爲風。寒自爲寒。暑自爲暑。濕自爲濕。燥自爲燥。火自爲火。往來交錯於曠廓之中。釐然不雜井井有條者氣也即理也則條理之謂也其寒極而濕濕極而暑暑極而燥燥極而火火極而風風極而寒環周代卸以成四時之序燦然不紛著爲大塊文章者氣也即理也則文理之謂也故著爲文理變幻而成章析其條理紛然而不亂木之文也千絲不混繡之文也萬縷可分故文理在條理即寓焉天地衰旺之氣千絲萬縷交錯環周當識其文理辨其條理故理氣有可見者有不可見者其可見者理在氣後其不可見者則理在氣先也此理氣之大略也

(註)理氣居陰陽之先爲無名之始陰陽者既動而後見

者也。其所以見陰陽者氣爲之。其所以有陰陽者理主之也。故未動之先。理以含氣。既動之後。氣以寓理。故曰理。與氣互爲先後也。其曰文理。曰條理。爲地理學中最中肯綮之言。眞發前人所未發。俗稱地學家爲地理先生。試問地理二字作何解耶。若祇謂地中有陰陽之奧理。是止言天理之理。性理之理。未足盡理字之義。亦誰知陰陽中亦有文理條理乎。故必兼。文理條理言。而理字之義始盡。條理之理。由文理來。故在天曰文。在地曰理。文與理二字平對。卽可得理字之解矣。故凡有文有理未有不井井有條者故在天之條理不始於天其根在地在地之條理不始於地其源在天曠廓虛空與塊然沈實上下左右無不絲絲縷縷相聯絡其絲絲縷縷縱橫交錯充滿兩間無少隙罅而卻是絲毫不紊知陰陽者須於交錯之中因文理而識其條理以辨五行之所屬以知衰旺之攸分因其可見者以認其不可見者然後理氣無遁情矣

陰陽第九

陰陽者顛倒也顛倒何以爲陰陽交故也有陰陽則未有

不交交則必爲顚倒故陽在上陰必在下陽在左陰必在右陽在前陰必在後陽在內陰必在外凡爲對待無不皆然此其自然之機非勉强也經云識得陰陽顚倒顚便是大羅仙故陰陽妙機皆在顚倒顚倒者升降也升降者往來也故陰陽二也二者而卽二二之非知陰陽者也陰陽一也一者而卽一一之亦非知陰陽者也蓋分之不能分合之不能强合也人之息也下入丹田上出鼻口此卽所謂升降也此卽所謂往來也然試問此往來者既往而後來乎抑卽往卽來乎若往而後來是可分也卽往卽來是不可

分也。雖不可分。既顯有往來之名。是亦焉得強合乎。故善調息者。知往來之息。時時相遇於中土。而因以導其竅也。蓋凡物皆有陰陽之竅。果識其竅而因物即可見道也。夫囊槖之爲物也。外即其陽。內即其陰。陽在外。陰有不在內者乎。使反而轉之。轉其內陰以向外。其外陽有不向內者乎。且其轉也。內陰上行而外。外陽有不下行而內者乎。故顛倒之機。隨時可見。任舉一物。未有不如是者也。如人身好動陽也。即有影之陰以隨之。人身有無影者乎。故見人不必見影。而知必有影在其旁。見影不必見人。而知必有人立其側然則影與人爲一乎而不能使其祇有人不有影影與人爲二乎又不能使其人去而影獨留也故曰分之不能分合之不能強合也且影在東人必在西影在南人必在北也此又顚倒之最易知者矣故曰凡有陰陽必爲顚倒也

(註)陰陽二字其元機皆在顚倒蓋太極之動發爲升降一升一降卽爲顚倒識得升降之顚倒卽知陰陽爲天然對待之物事而無時不交感交感者往來也知其必往來交感之故則知所以强分合之不能也故上下左

右以及牝牡雌雄有形無形衹此顛倒之妙然就無形論顛倒人尚能知就有形論顛倒人每沾著於形而不能知故數舉有形之物事論之欲人參透其機不至以有形滯其想俾知陰陽即知顛倒并知牝牡雌雄無不皆然師常作陰陽大用論其文有曰倒倒顛顛男女女男棠嘗不解師曰細玩八卦當自知之久之始悟震坎艮三男皆女體巽離兌三女皆男體震爲坤體得乾之初爻坎艮亦皆坤體得乾之二三爻三女反皆乾體各得坤之一爻於是知天機一點爲眞靈其太盛者皆爲

蠢物故陽太盛而感於陰則成女陰太盛而感於陽則成男男女女男陰陽之所爲顛倒也此書言皆淺近欲人人得解以便家用故凡微奧之語皆不載入祗取眼前之事比擬言之使人易曉要皆以明顛倒之義也

河洛大數第十

圖書詳於周易其講解備於各家無庸贅說今擇其有用於陽宅者言之河圖一六居北二七居南三八居東四九居西五十居中此生成數也天一生水有水之理有水之氣而未嘗有其質也必遇中五之土而爲六而後水之質

始成。故地六成之。其二七三八四九。無不皆然。此生成之數。爲參伍者也。洛書則戴九履一。左三右七。二四爲肩。六八爲足。五居中央。此流行數也。其所以運之爲流行者。其功用皆在中五之互爲參兩。參參天也。兩兩地也。陽數左旋而著參天之功。故由中一生北一。參其一而生東三。參其三而生南九。參其九爲二十七。凡數見十則除。故除其二十而生西七。有意無意。陽中生陰。西南之二。即於由九生七之時。遺種於西南矣。陰數始於兩兩。即二也。陰數右轉而顯兩地之用。故既生西南之二。兩其二而生東南之四兩其四而生東北之八兩其八而爲一十六凡數見十則除故除其一十而生西北之六有意無意陰中生陽正北之一即於由八生六之時遺種於正北矣陰陽互根即於流行中見之而流行之中又兼對待故一對九二對八三對七四對六數各成十兼中五言之則縱橫皆爲十五此流行而見爲錯綜者也故天地生人生物莫不賴此縱橫十五縱橫十五者陰陽之所以顛倒往來而相交於中土也其一白二黑三碧四綠五黃六白七赤八白九紫者爲本宮之色三元大運由此而開故河洛爲陰陽大數之

根本。

(註)河洛之數。妙義環生。不止此也。此蓋特即其淺近者言之耳。

三元大運第十一

三元者。上中下三元也。元者。貞下起元之義。一週甲子爲一元。而以上中下迭運也。其法以中天甲子之日至斗樞指子之時起上元。以一白主運。二黑三碧輔之。再遇甲子爲中元。四綠主運。五黃六白輔之。再遇甲子爲下元。七赤主運。八白九紫輔之。此蓋由邵子元會運世之說推演之而加詳焉。尤爲切於人用者也。陰陽二宅。其興衰隆替。皆以此卜之無不驗也。

(註)三元大運。起於中天日至斗樞指子之時。蓋肇於坤。起於復。

九星第十二

三元之所以爲運者。其根在北斗。斗樞運轉以成歲。積歲而爲元。九星以次迭運也。故時運之代更。皆由斗柄之運轉。九星者。北斗七星。合輔弼而爲九也。北斗第一星爲貪狼。二曰巨門。三曰祿存。四曰文曲。五曰廉貞。六曰武曲。七曰破軍即斗柄也。

(註)九星之義。深奧難知。此特舉其當然言之耳。

九星配九宮第十三

九宮即洛事九位。九星司運。不以九宮合驗之。則衰旺之程途不顯。故三元九運。必排九星於九宮之內。而後衰旺之驗。始有程途。故貪狼爲九星之首。配一白主上元。巨門配二黑。祿存配三碧。輔之文曲配四綠主中元。廉貞配五黃。武曲配六白以輔之。破軍配七赤主下元。左輔配八白。右弼配九紫以輔之。至挨加之法。則九宮分爲六十四而挨加九星以配之然後衰旺生死瞭如指掌詳玩羅經圖自明。

(註)九星九宮挨加之法迴與俗本不同學者當細玩也。

卦圖第十四

先天卦主對待後天卦主流行故後天八卦爲已成之局機皆發露只管生人以後之事先天八卦機猶未發故能變化生成從無入有故易卦大小橫圖足徵妙造自然之旨而橫圖變圓變方括盡天地之能事故方圓兩圖爲大易之根本爲陰陽之準標。

伏羲八卦横圖

坤 艮 坎 巽 震 離 兌 乾

太陰 少陽 少陰 太陽

陰儀 陽儀

太極

太極動而陰陽分。是曰兩儀。兩儀各生一陰一陽。名曰四象。四象者。二太二少也四象又各生一陰一陽。名曰八卦。而三畫之卦成。其自然之序。則乾一兌二離三震四巽五坎六艮七坤八。

伏義六十

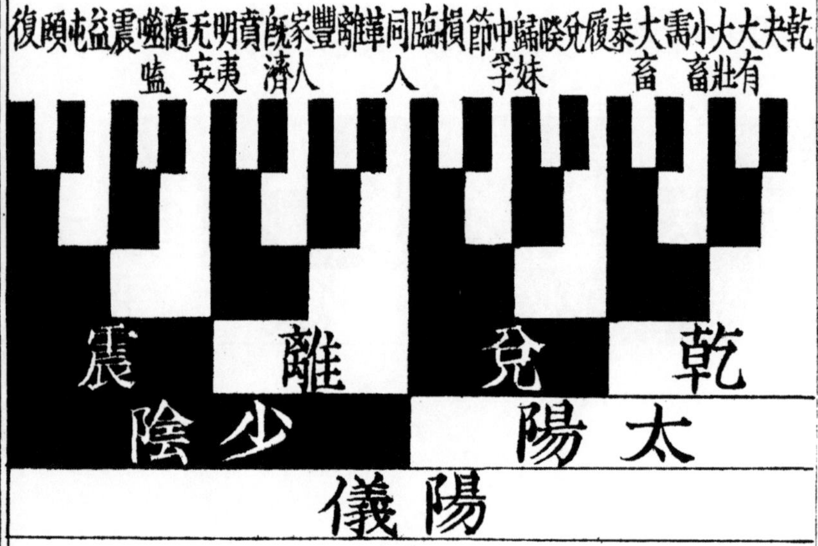

一陰一陽。各生一陰一陽。生至第六層。得陽爻三十二。陰爻三十二。合之則成爲六十四卦自然之序。於

四卦橫圖

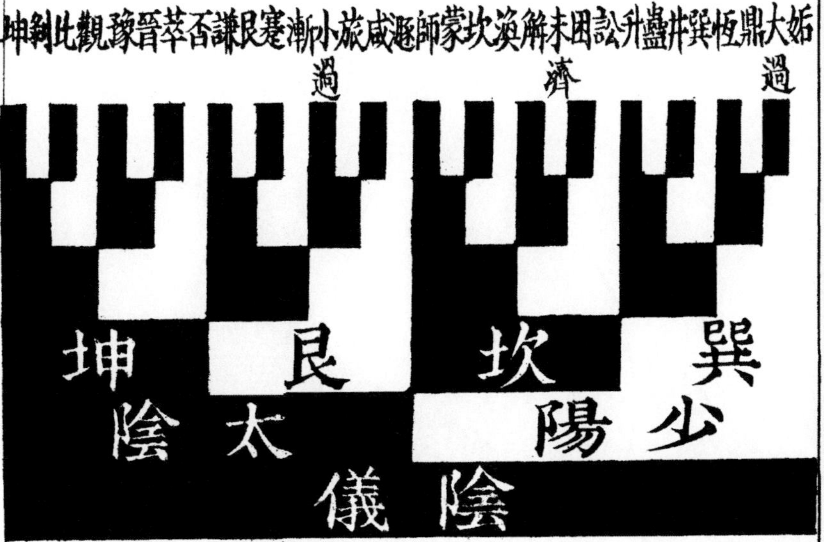

已成之後觀之。卻是八卦之上。各加八卦。故程子曰。因而重之爲六十四也。

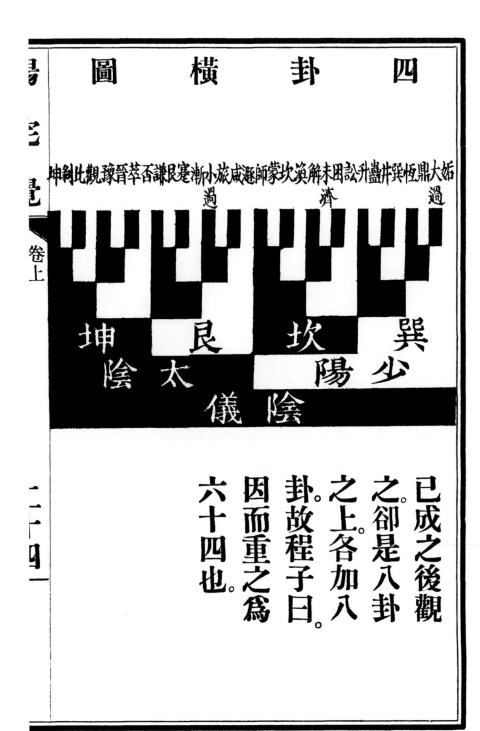

兩儀包涵八卦圖

伏羲八卦圓圖

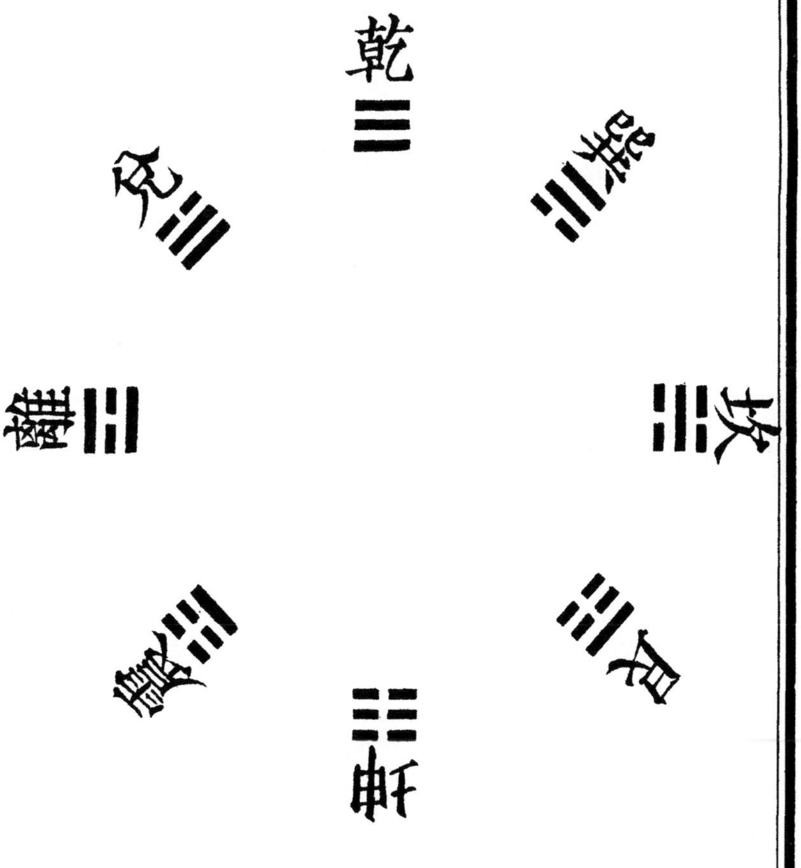

伏羲六十四卦方圓圖

姤 大過 鼎 恆 巽 井 蠱 升 訟 困 未濟 解 渙 坎 蒙 師 遯 咸 旅 小過 漸 蹇 艮 謙 否 萃 晉 豫 觀 比 剝 坤
否 遯 訟 姤 无妄 同人 履 乾
萃 咸 困 大過 隨 革 兌 夬
晉 旅 未濟 鼎 噬嗑 離 睽 大有
豫 小過 解 恆 震 豐 歸妹 大壯

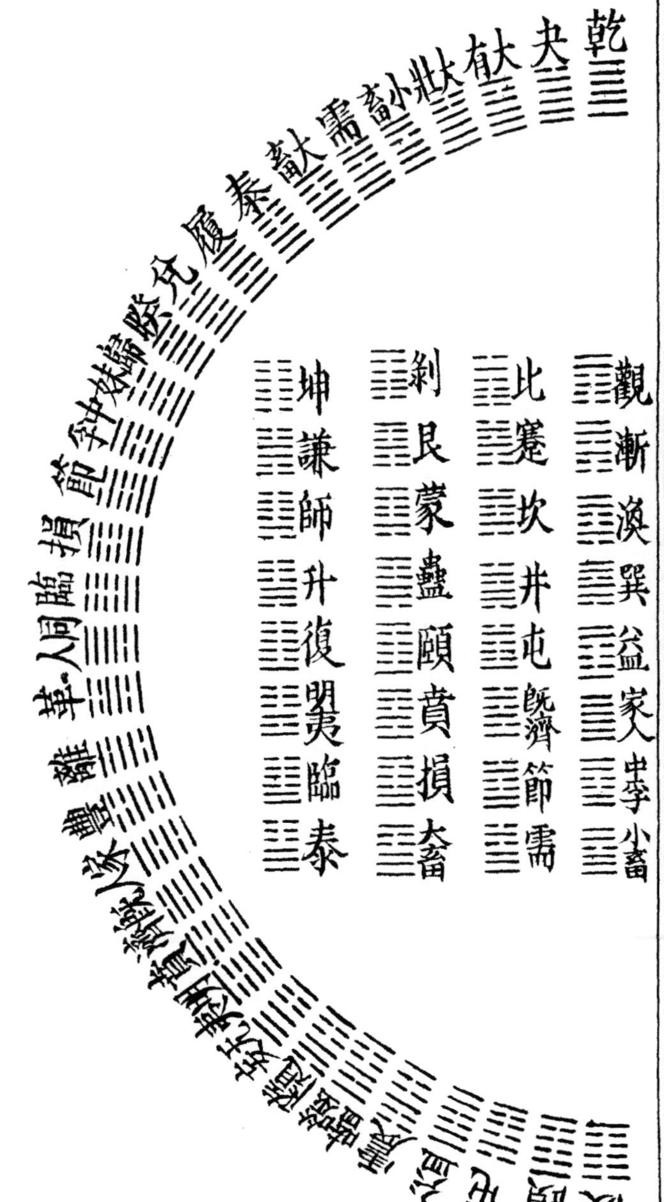
乾
夬
大有
大壯
小畜
需
大畜
泰
履
兌
睽
歸妹
中孚
節
損
臨
同人
革
離
豐
家人
既濟
賁
明夷
无妄
隨
噬嗑
震
益
屯
頤
復
觀 漸 渙 巽 益 家人 中孚 小畜
比 蹇 坎 井 屯 既濟 節 需
剝 艮 蒙 蠱 頤 賁 損 大畜
坤 謙 師 升 復 明夷 臨 泰

洛書配先天卦第十五

陽宅等書皆以洛書配後天卦。觀歷代講易家亦半如是。惟來註易。與水村易鏡。俱有洛書配先天卦之圖。足徵洛書配先天卦。非創說也。

洛書配先天卦圖

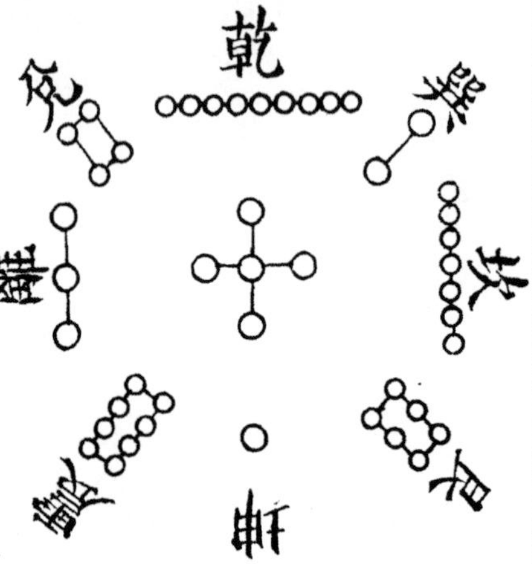

乾配九　兌配四　離配三　震配八

巽配二　坎配七　艮配六　坤配一

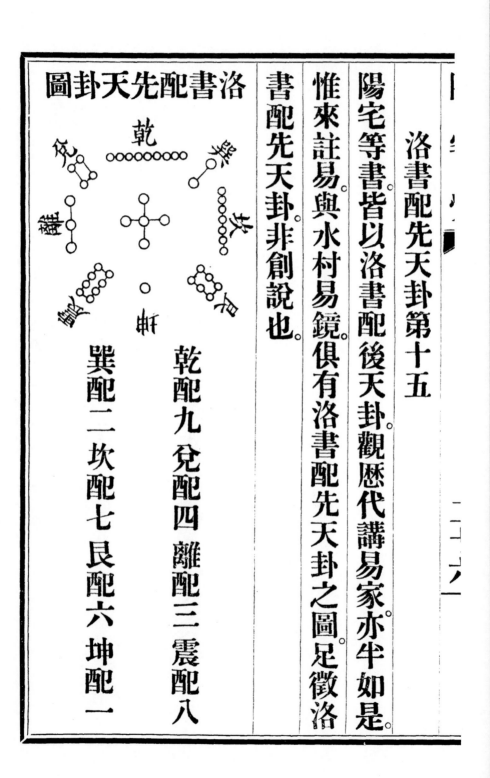

九星九宮配卦圖第十六

九星配九宮。方位均齊。天然妙造。然以之論三元衰旺。則九宮猶爲粗迹。不足括氣數之變。故俗本有僅以九宮論三元者。謂之呆板三元。皆無知妄擬。毫無準驗。不可信也。夫九宮方位。除中宮之五爲虛位。九星亦虛廉貞不用。其餘八宮八星。適與八卦均齊。於是於八卦之上各加八卦。分爲六十四宮。以八星挨排於六十四宮之中。以定三元衰旺。然後衰旺無遁情。此挨星之秘。自古不敢輕傳。迥異世俗僞書所論挨星之法。苟明乎此。則天地興廢盛衰之氣如指掌焉。誠足寶也。詳玩前後各圖。其義自明。圖不另具。

卦運第十七

運者。上中下三元迭運也。每運八卦。各有主運之卦。有輔運之卦。具圖於左。

一運八卦 一即一白也此八卦爲父母卦爲貪狼星

乾☰ 兌☱ 離☲ 震☳

巽☴ 坎☵ 艮☶ 坤☷

二運八卦 二即二黑也此八卦爲天元龍爲巨門星

无妄　大壯　蹇　蒙

升　觀　睽　革

三運八卦 三即三碧也此八卦爲人元龍爲祿存星

訟　需　小過　頤

明夷　晉　中孚　大過

四運八卦 四即四綠也此八卦爲地元龍爲文曲星

遯　大畜　解　屯

臨　萃　家人　鼎

六運八卦 六即六白也此八卦爲地元龍爲武曲星

履　夬　豐　噬嗑

謙　剝　渙　井

七運八卦　七即七赤也此八卦爲人元龍爲破軍星

同人　歸妹　大有　隨

師　漸　比　蠱

八運八卦　八即八白也此八卦爲天元龍爲左輔星

姤　小畜　節　困

復　豫　旅　賁

九運八卦　九即九紫也此八卦爲父母卦爲右弼星

否䷋　恆䷟　既濟䷾　損䷨

泰䷊　益䷩　未濟䷿　咸䷞

卦運歌訣

乾兌離震一運卦。巽坎艮坤與之同。

大壯睽革并无妄。升蒙蹇觀二運龍。

需與中孚大小過。夷頤訟晉三運稱。

大畜臨屯并解遯。家人鼎萃四運通。

渙謙剝夬爲六運。噬嗑井履更兼豐。

同人歸妹隨師比。大有蠱漸七運明。

小畜節賁富八運復姤困旅豫相乘

泰損既濟風雷益九運未濟咸否恆

卦數第十八

卦數者卽洛書配先天卦之數也圓圖以外三爻爲用如半午至巽爲乾宮八卦則以九四三八二七六一從右向左加於外三爻之乾兌離震巽坎艮坤之上其半巽至卯之兌宮半卯至艮之離宮半艮至子之震宮皆如之半午至坤爲巽宮八卦則以九四三八二七六一從左向右加於外三爻之乾兌離震巽坎艮坤之上其半坤至酉之坎

宮半酉至乾之艮宮半乾至子之坤宮皆如之詳玩前洛書配先天卦圖與後羅經圖自明矣

(註)以上數節其中各有奧義非淺近所易知故僅就當然言之以期便用有心是道者當深求之勿謂精義止於此也

羅經第十九

古者製指南以辨四方相沿以十二地支加於其上又以三百六十經度羅列於盤中遂有羅經之名自地學有專家爰取以定卦位爻符原當於盤中分六十四格布列元

空大卦古之仙師珍秘其術不欲顯以示人而僅以十二支暗分卦位至唐楊筠松始以八千四維加於地支夾縫中共分二十四格又作百二十分金爲暗號而後卦位可以不混然卦有方圓兩圖只借一盤二十四格推之殊不便於記憶故增外盤一圈右錯半字名曰縫針縫針云者子午卯酉乾坤艮巽此四正四維八字其當中一線皆適當兩宮交界之縫乃因其縫中分之以避其雜亂之氣如內盤正午爲外盤丙午之交縫內盤正子爲外盤壬子之交縫卯酉四維無不皆然故曰縫針也雖然縫針之設字

皆右錯。人幾疑方位無準則。夫天地方位原有一定。安能任意挪移。於是乎無知妄說。肆意橫生矣。曰內盤正針爲地盤。地主靜。其午必居正南。外盤縫針爲天盤。天主動而右轉行速。故其午常偏西。嗚呼。異端邪說。足亂聖道者。大概如此。其說似是而非。頗若近理。故最能惑人。豈知古人之意。故確有所在。蓋以卦有方圓兩圖。祇借正針一盤推兩圖之卦。恐或相渾。故增設外盤。右錯半字之縫針。以推圓圖之天卦。其本盤正針。以推方圖之地卦。故內外兩盤有傳來天地之名。然其右錯之半字。亦非移丁爲午。移未爲丁也此右錯之地原未出各字本界葢地支自地支天干自天干八卦自八卦原非一家骨肉特以地支十二爲格太疏難推卦位故以天干加之天干戊己歸中不能配齊十二之位又取四維之卦以補之故八千四維所居之地皆地支之原基如午未之間加丁則丁之左界固爲午之原基今將午字右錯半字恰到丁字中間適以明午字原界舊基其右疆當至此並非任意挪移方位也雖然增此右錯半字之縫針固劃清地支各字之右界其各字左界亦當示明故又設中針一盤左錯半字以劃清地支各

字之左界。此中針一盤。祇因有右錯半字之縫針。以劃地支之右界。故設此左錯半字以劃。地支之左界者以配之。並無別義。而時俗僞說。有謂內盤格龍。中盤撥砂。外盤立向者。有謂中盤格龍。外盤收水。內盤立向者。至陽宅則謂專用內盤。其餘各盤不用。種種不經之說。不知其何所據而來。又因內外兩盤。有天地之名。而不知其名之來自天卦地卦。遂妄擬中針爲人盤。尤爲無知之說。至八煞黃泉等。皆附會穿鑿之談。皆無取也。今謹按海鹽張子所定蔣氏眞傳羅經新式考訂增加如左。

增訂海鹽張氏秘傳蔣盤羅經新式

蔣盤辨說

人皆知有蔣盤之名。而未察其實。當時所行之蔣盤僅列正針二十四字。其背有蔣氏銘語。此盤雖誠爲蔣氏所遺。然實不堪用。蓋因蔣氏不欲顯言六十四卦。祇借干支作隱謎。故其盤亦僅列干支。今之僞三元家皆用此盤。雖名蔣盤。其實非也。

張氏所傳六十四卦盤。今福建有賣者。不久亦當暢行。

羅經有最要一言曰準。格勻則準。針長則準也。短針差一絲。長針則差數絲。一絲難辨。數絲則易辨也。今酌定六寸盤針長二寸。一尺二寸盤。針長三寸五分則未有不準矣。天池外第一層。先天八卦。

第二層。洛書九宮數。

第三層。正針二十四山。

第四層。地卦運數。

第五層。地卦卦數。

第六層。方圖六十四卦。方圖象地。故曰地卦。亦曰地盤。

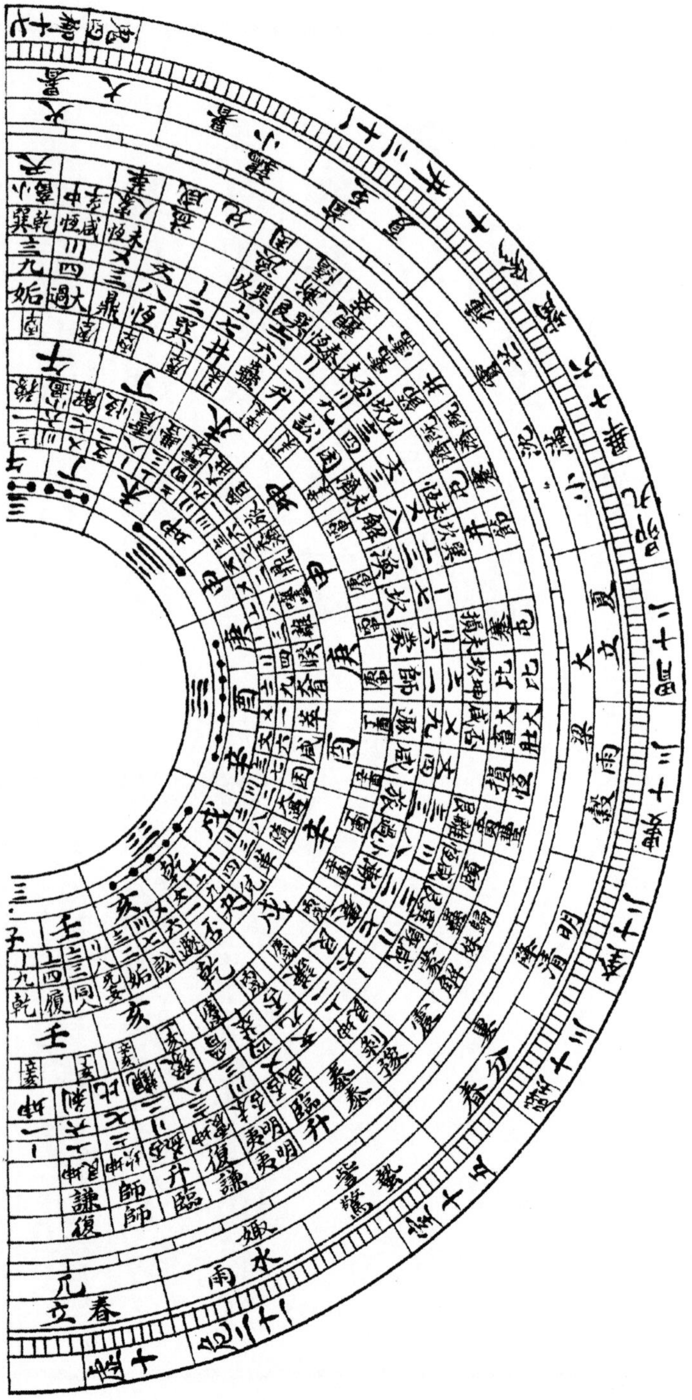

三十三

卷上

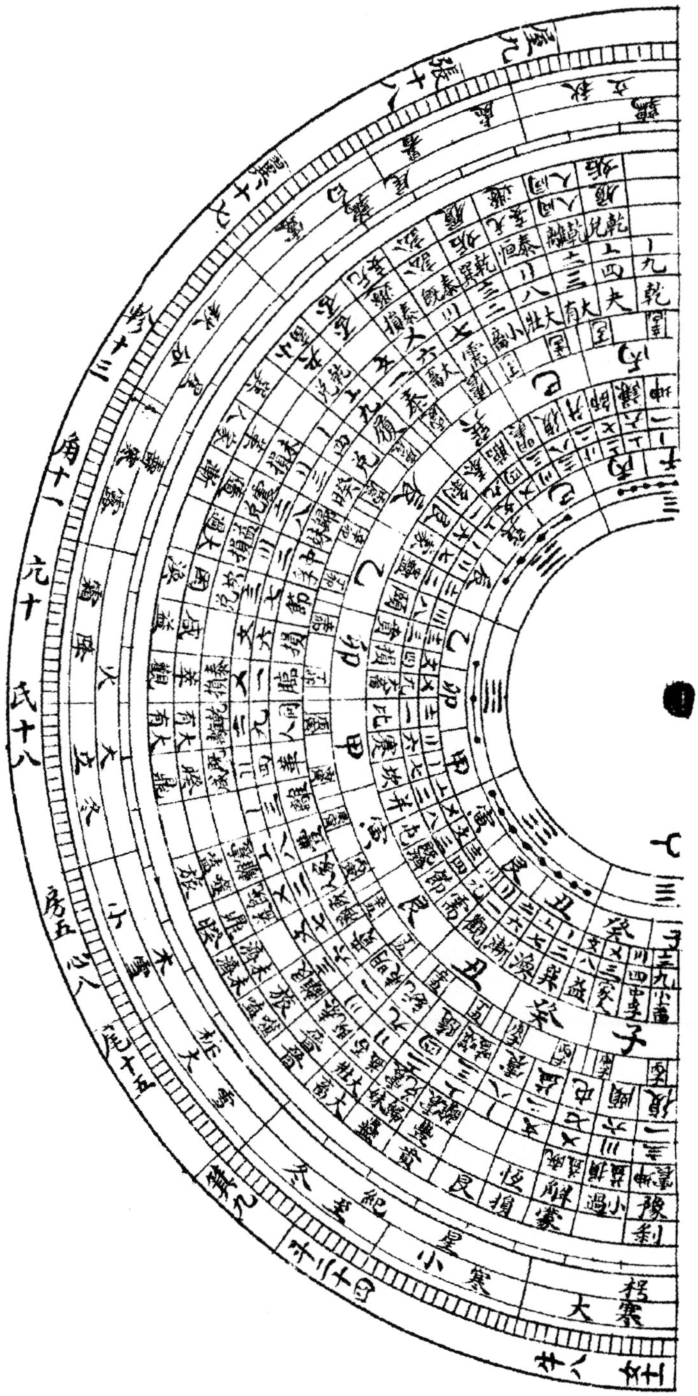

第七層。縫針二十四山。

第八層。俗傳百二十分金。四十八向。增入以便問答。

第九層。圓圖六十四卦。圓圖象天。故曰天卦。亦曰天盤。

第十層。天卦卦數。

第十一層。天卦運數。

第十二層。各卦父母。

第十三層。卦反。卦反者。如地雷復。雷地豫是。

第十四層。爻反。爻反者。爻之反對也。如屯蒙是。

第十五層。三百八十四爻。

第十六層爻象順逆。順推卦如乾初爻近丁上爻近丙逆推反是凡順卦加朱點

第十七層日躔次舍。

第十八層日躔節氣。

第十九層三百六十度。

第二十層二十八宿。

右海鹽張綺石先生所傳蔣盤秘式羅經之大略也。此外如卦氣節氣。九州分野。一時八刻等。可隨意增入此盤。洩盡天機。非同泛泛。有心是道者。潛玩深思。當有得也。

(註)羅經之說。以誤傳誤。蓋有年矣。蔣子雖經考訂。然仍

秘其眞機僅以干支作啞謎反更開三元僞說之歧途綺石先生不憚洩漏之罪直以天機之秘顯告世人其濟衆之心亦良切矣自此之後將人人可曉八煞之非黃泉之誤豈非大快事哉竊按近時常行內外三盤羅經唐楊筠松所定也其於分金等皆有口訣近失其傳人遂以假作眞竟以干支論生尅夫干支生尅非無其理如人於五倫見君言忠見父言孝見兄言悌見友言信此卽生尅之理也但須情義相關方可如是言若山南一人海北一人河東一人江西一人偶然相遇於一

室彼此面不相識情不相關乃以孝悌忠信之道繩之
曰汝四人當彼此相忠信相孝悌有是理乎其以干支
論生尅者正無異於是矣支自爲支干自爲干卦自爲
卦今勉強牽之使同居於一室又何異於山南一人海
北一人乎且支有十二滿數列之十干則僅列其八抑
何不嫌其割裂也謂戊己歸中四旁無其方位尚猶可
說八卦分列於四旁固有其方位也何亦割裂之僅取
其四而廢其四耶夫古人凡有制作則必義理精詳無
瑕可指況楊公亦一時之賢豈爲此不通之說而使後

世議之乎觀此則可知楊公之意固別有在也其干支四維不過借爲僞託耳世人不察而遂信僞爲眞竟以之論生尅斷禍福而枝枝節節轉由是生出無窮誕妄之書流於當世如行路入歧歧而復歧終不得至其處矣殊可慨也今吾師遵海鹽張子遺意考訂新式羅經教工人如法作之針必長取易準也格必勻恐有誤也凡每卦父母并卦反爻反爻象順逆皆詳載之取便用也其三百六十宿度皆謹遵大清會典及七政經緯躔度時憲書考定詳明毫無錯謬以備選擇之用不至有

誤也。市中所賣方秀水等盤。其所列宿度。皆仍唐時之舊。今人尚以之撥砂坐度。議論吉凶。殊夢夢矣。

陽宅覺

三十一

陽宅覺元氏新書卷下

會川又元子元祝垚暐農氏著
受業文安張蔭棠惠南氏　註

雜氣第二十

雜氣者天地周環之中有交雜不純之氣大小三十二也天地之中無非氣交氣交者陰陽之往來也徧地皆是陰陽卽徧地皆是氣交其應交而交者便是吉氣其不應交而交者必混雜紛亂則爲凶氣矣其三十二者分爲三等大雜氣八犯之主凶亡橫死刑杖徒流娼優盜賊鰥寡孤

孀。盪產敗家。後嗣絕滅。種種凶禍來。如牆倒。小雜氣八禍雖較輕。然亦主少死夭亡。官司人命。賭賻風流。瘋痰災病。其餘十六者。其氣雖不至混雜紛亂。然亦皆不純。故亦附於雜氣之例。犯之主家人嘻嗃。各懷一心。彼此暗仇。兩不相顧。凡入宅一年半載。卽凶禍頻遭者。職此之故也。時師不知。反盲猜亂擬。拆東補西。亦終不能救也。可不慎歟。其方位則正子正午。正卯正酉。爲四正雜氣。正巽正乾。正坤正艮。爲四隅雜氣。其禍應四正尤甚於四隅。共合之爲大雜氣八也。巳丙夾縫。當外盤正巳。亥壬夾縫。當外盤正亥。

丁未夾縫。當外盤正丁。癸丑夾縫。當外盤正癸。寅甲夾縫。當外盤正寅。申庚夾縫。當外盤正申。乙辰夾縫。當外盤正乙。辛戌夾縫。當外盤正辛。故外盤之乙辛丁癸。寅申巳亥。正當中線。爲小雜氣八也。凡大雜氣與小雜氣中分之地。卽不純之氣十六也。合之共爲三十二也。此其所以然之理。皆微奧難知。其義皆出於元空大卦。因集隘不及詳說也。

(註)雜氣之說。原於卦理。驗之二宅。無不響應。人止知正子正午。萬不可用。而不知其中原。故止在當中一線。避

淸此線雖仍是子午則禍福迥殊人止知子午卯酉爲沐浴桃花而不知其所以爲桃花之故蓋此四字之中線爲混雜紛亂不應交而交之氣不應交而與之交此其所以爲桃花也此中奧義非一言所能明故謹舉其當然俾人人知避庶可免無端凶禍也已

宅命第二十一

宅命者一宅之主氣也立此一宅必有主氣認定主氣然後一宅內外之門氣皆有以定其吉凶蓋宅命爲綱諸門爲目果得命氣與門氣步步相合則綱舉目張通體一氣

再合本元生旺。更得空缺嶠星之氣。一無混雜。未有不發福如雷者。取宅命之法。先看此宅何處氣長。卽爲命氣。無論其橫長直長斜錯而長。循其長線。至高閉不通之處。以望其對面低空。是何氣入宅。以定其衰旺。以定其太少。太少卽東西四宅也以定其隅正。如此宅南北五進。長東西五間。寬則取南北之氣爲命。然後於其最後一進。正房中間。坐盤看其坐向斜正若何。如向內盤午兼丙。外盤丙兼午。則爲乾坤二卦之命。爲西四宅。如向內盤正丙。外盤丙兼巳。則爲大有比二卦之命。又爲東四宅矣。宅命既定。然後諸門可取。如命爲西四。則諸門皆取西四。命爲東四。則諸門皆取東四。則爲卦氣清純。故宅命爲一宅之根也具圖於左。

直長取命格式一

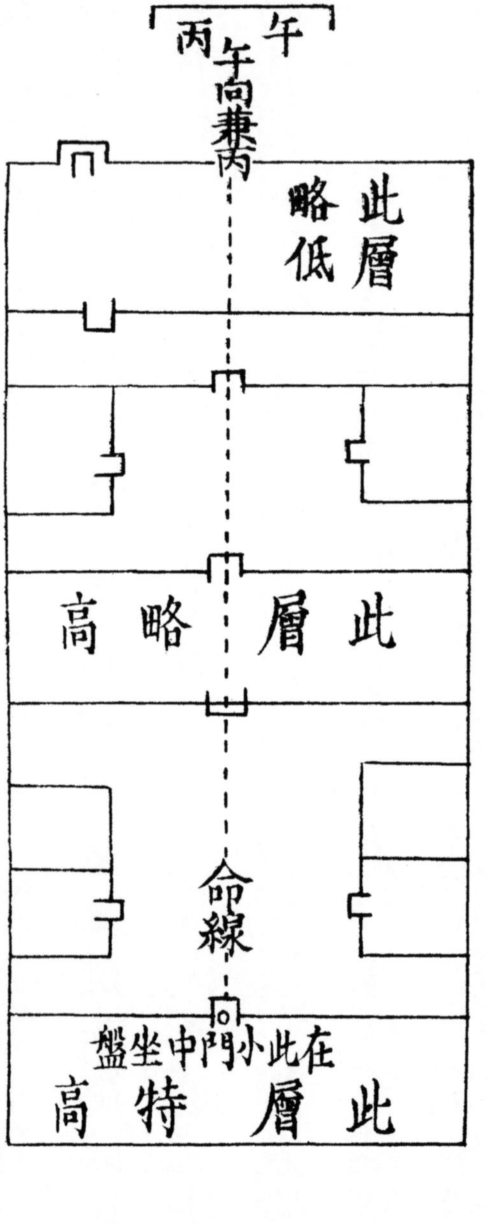

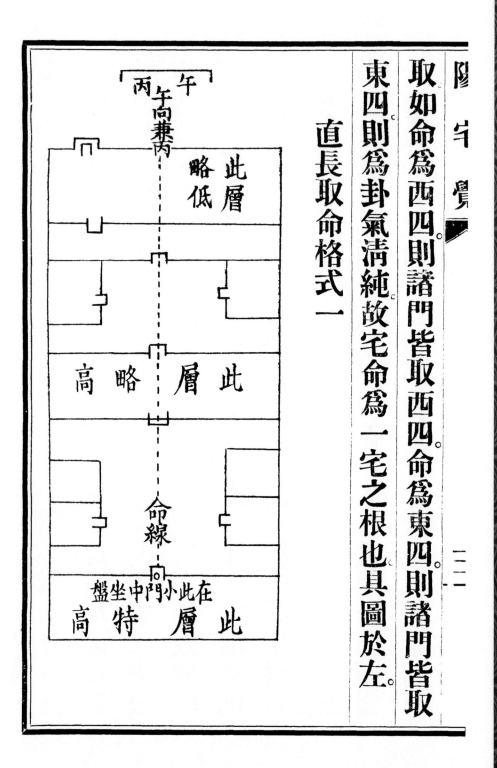

直長取命格式二

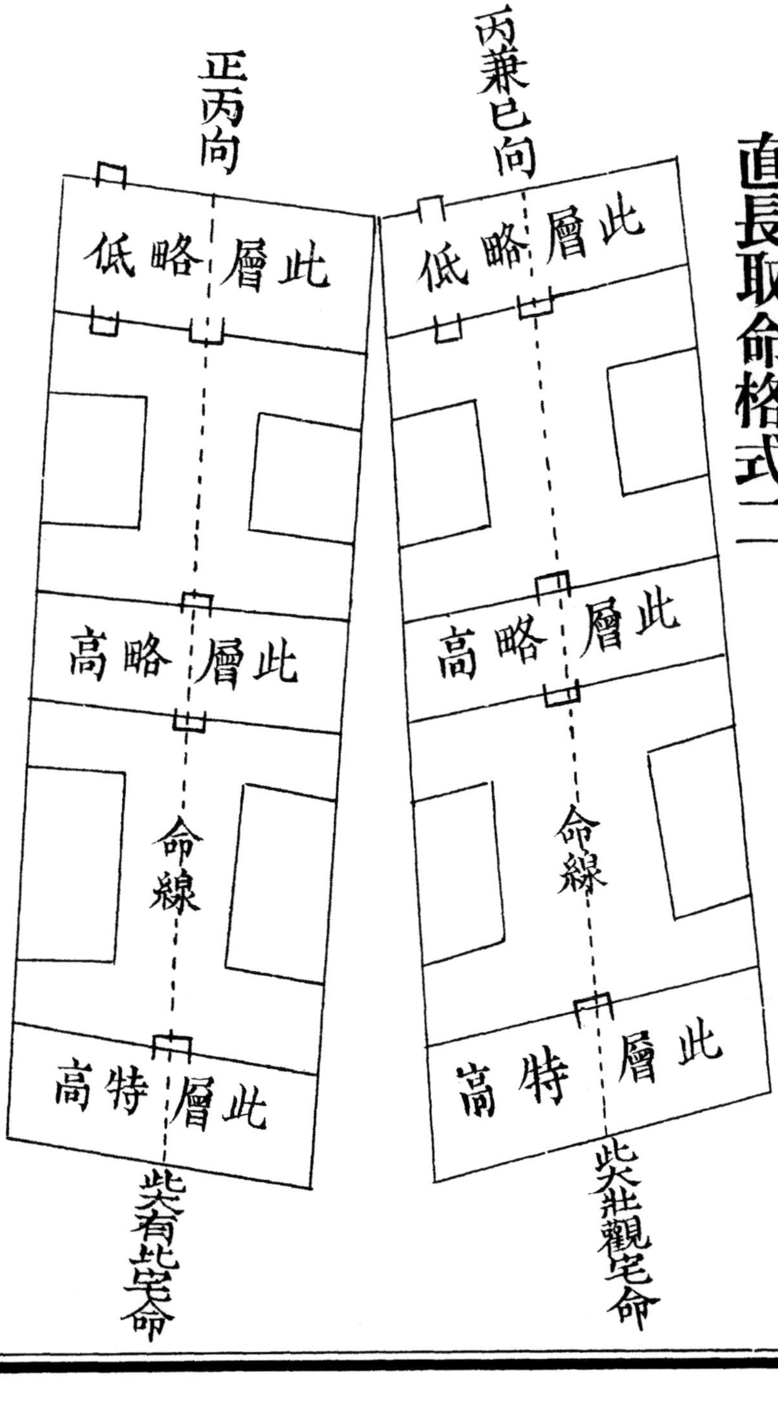
正丙向
丙兼巳向
此層略低
此層略低
此層略高
此層略高
命線
命線
此層特高
此層特高
此大有此宅命
此大壯觀宅命

右二宅。比鄰聯居。而坐向稍異。即興敗迥殊也。東宅坐比向大有。西宅坐觀向大壯。東宅坎離。西宅震巽。皆爲東四宅。而房間大小高低皆同。門主又同。當上元之時。西家興而東家敗矣。此可見宅命之所關甚重也。

(註)凡進氣之方。以衰爲旺。此二宅皆前房低。後房漸高。則以前爲進氣之方。西宅坐觀向大壯。觀二數之卦。爲本元旺氣。大壯八數之卦。爲本元衰氣。旺氣邊高。衰氣邊低。正合空閉之法。則滿宅旺氣矣。東宅坐比向大有。比七數之卦。爲本元衰氣。大有三數之卦。爲本元旺氣。

直長取命格式三

衰氣邊高旺氣邊低則旺氣蕩散故敗也

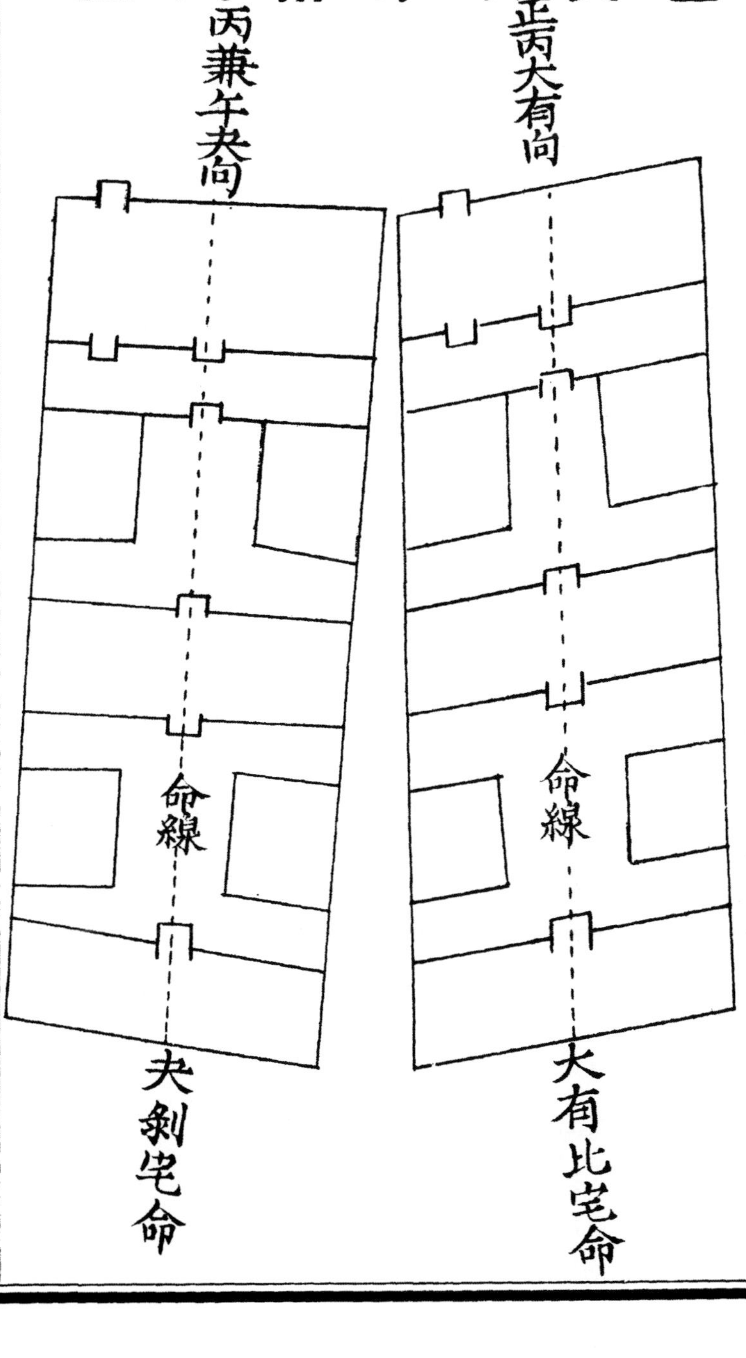

右二宅。亦比鄰聯居。東宅夬剝。宅命。爲西四宅。西宅大有比宅命爲東四宅。其門主房間。大小高低皆同。二宅皆前房低。後房漸高。東宅坐剝向夬。西宅坐比向大有。雖東四西四不同。時當下元。二宅均發。以皆得本元旺氣也。

(註)西宅以東四之坎離爲宅命。東宅以西四之艮兌爲宅命。因其高低皆合下元旺氣。故兩宅均發。剝六數之卦。爲本元旺氣。宜高閉。夬四數之卦。爲本元衰氣。宜低空。比七數之卦。爲本元旺氣。宜高閉。大有三數之卦。爲本元衰氣。宜低空。二宅坐向高低。皆與下元相合。故均

發也。此可見東四西四。不與俗論同也。

橫長取命格式一

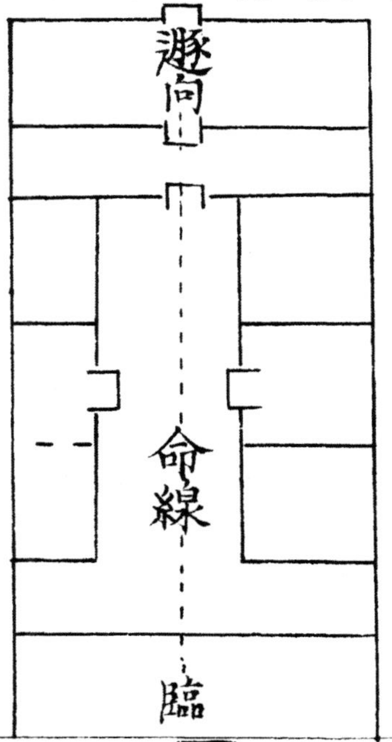

橫長取命格式二

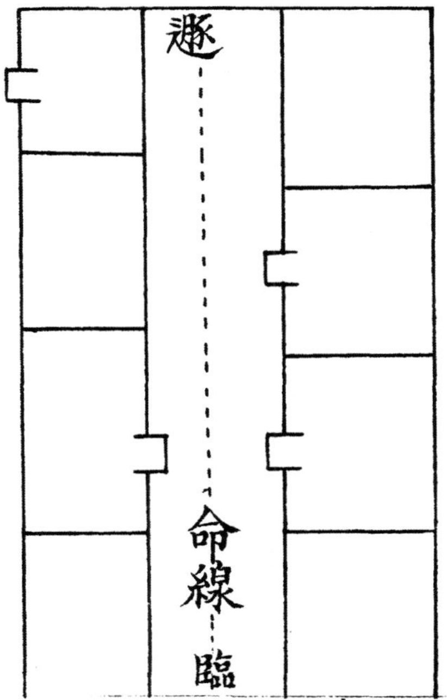

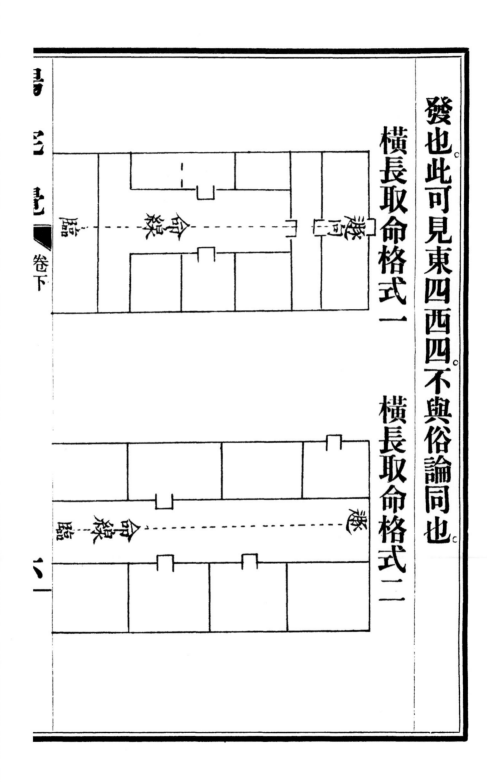

右二宅皆取遯臨爲宅命。一宅大門向西。一宅大門向南。其宅命皆同。如房間高低大小再相同。大門雖異其興敗仍相等也。故宅命較門氣爲重。

方宅取命格式

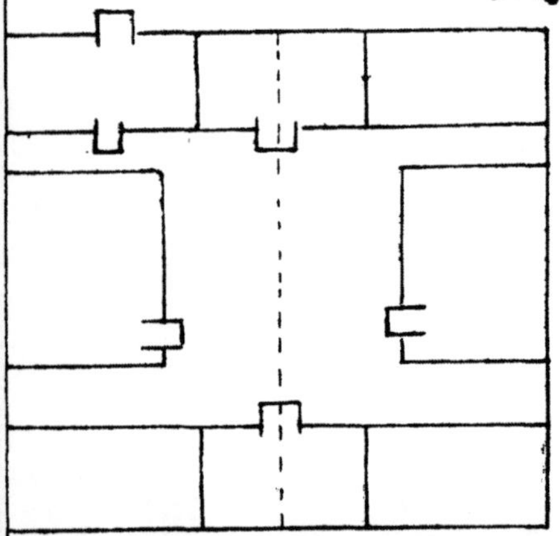

方宅取命。祇以坐向論之。或一旁有空缺處。則以空缺之氣爲命。

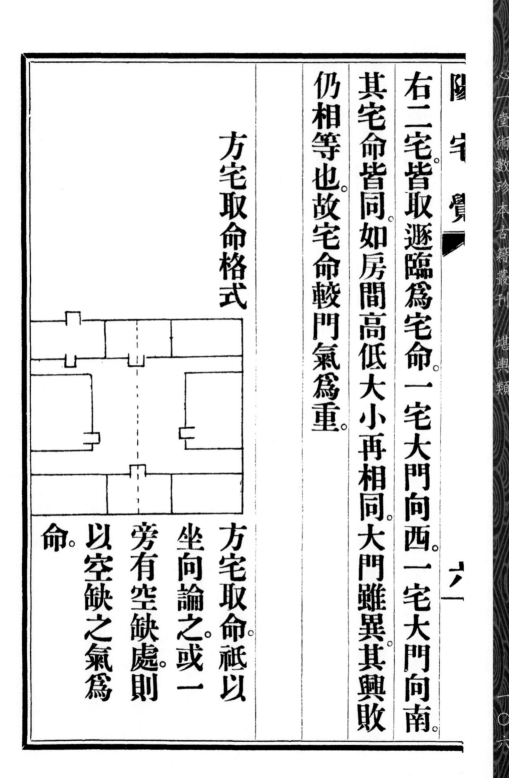

相錯斜長取命格式

此等之宅。不論其門。不論其主。祇取長氣爲宅命。

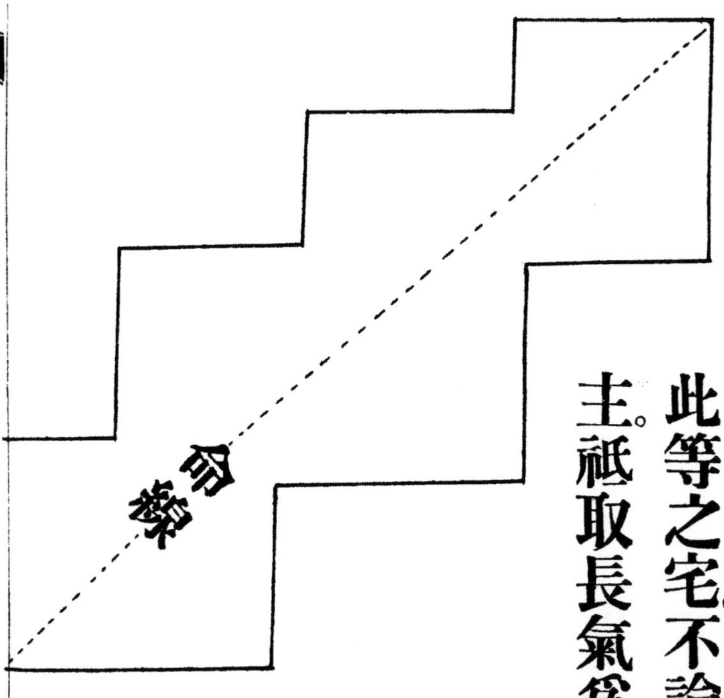

宅有轉折各取各命格式

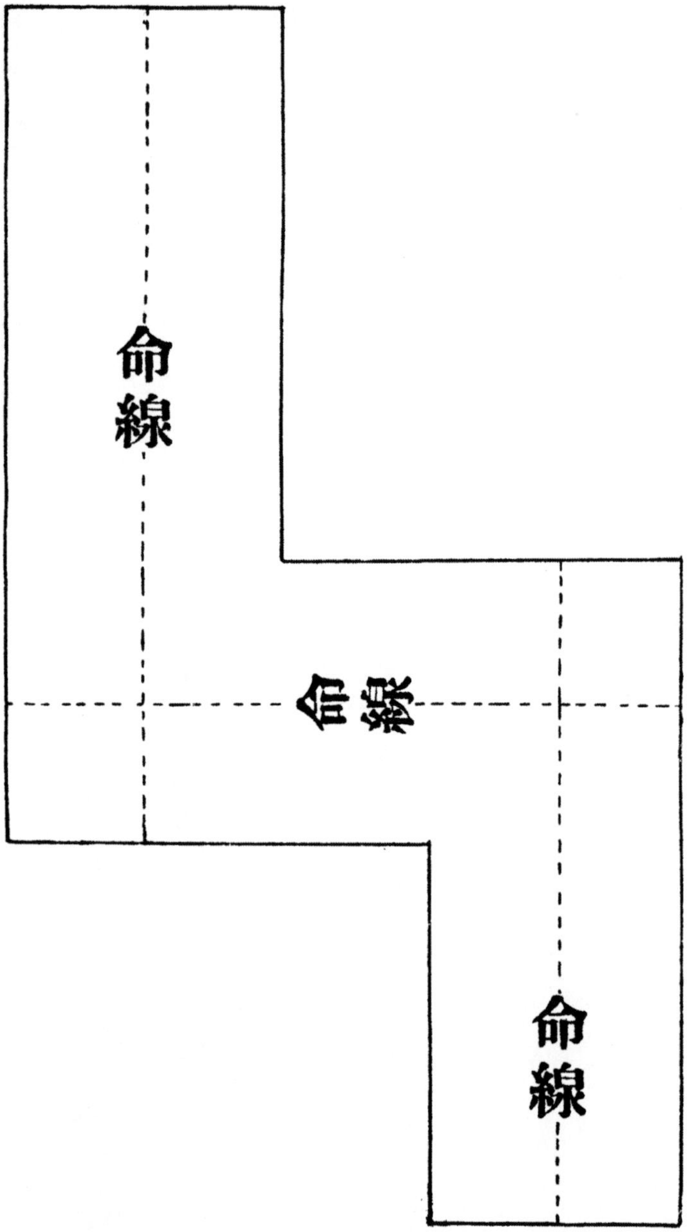

宅有轉折中節短者不必另取命格式

兩長節之氣。壓住短節之氣。則短節不暇變其本氣矣。故不另取命。

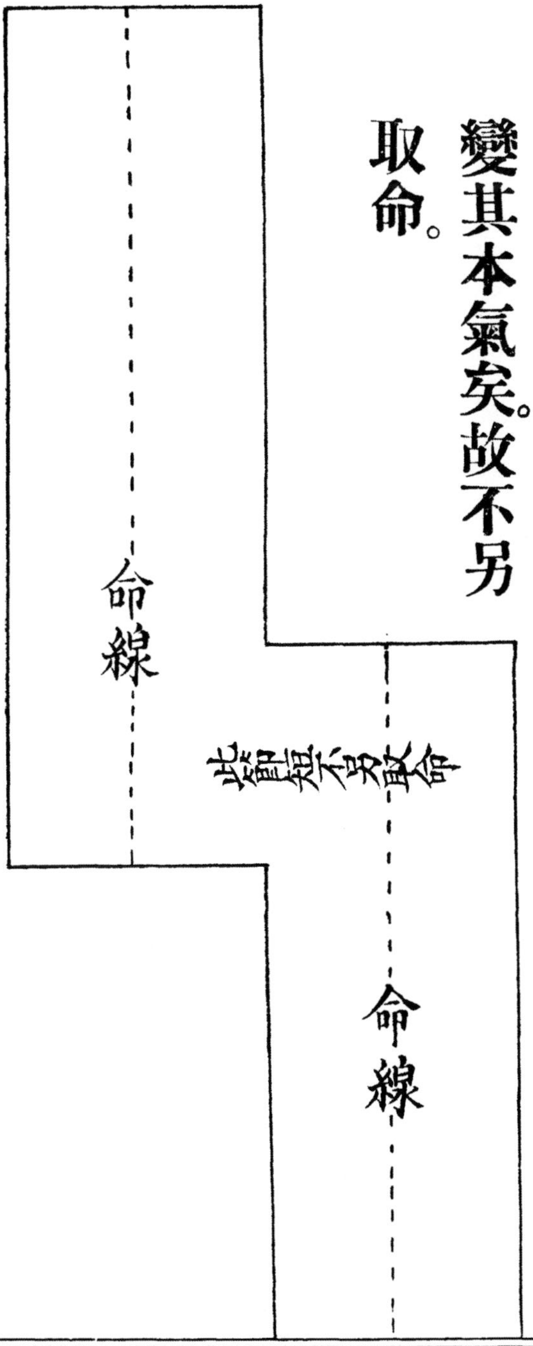

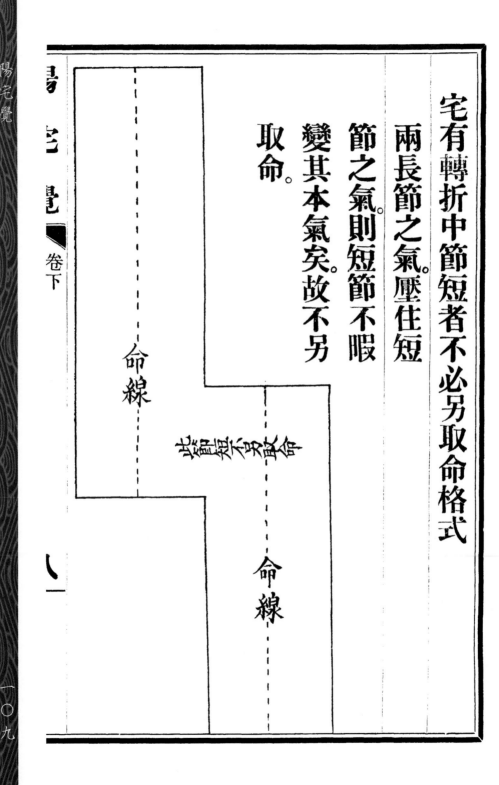

宅有轉折中間斜錯須另取命格式

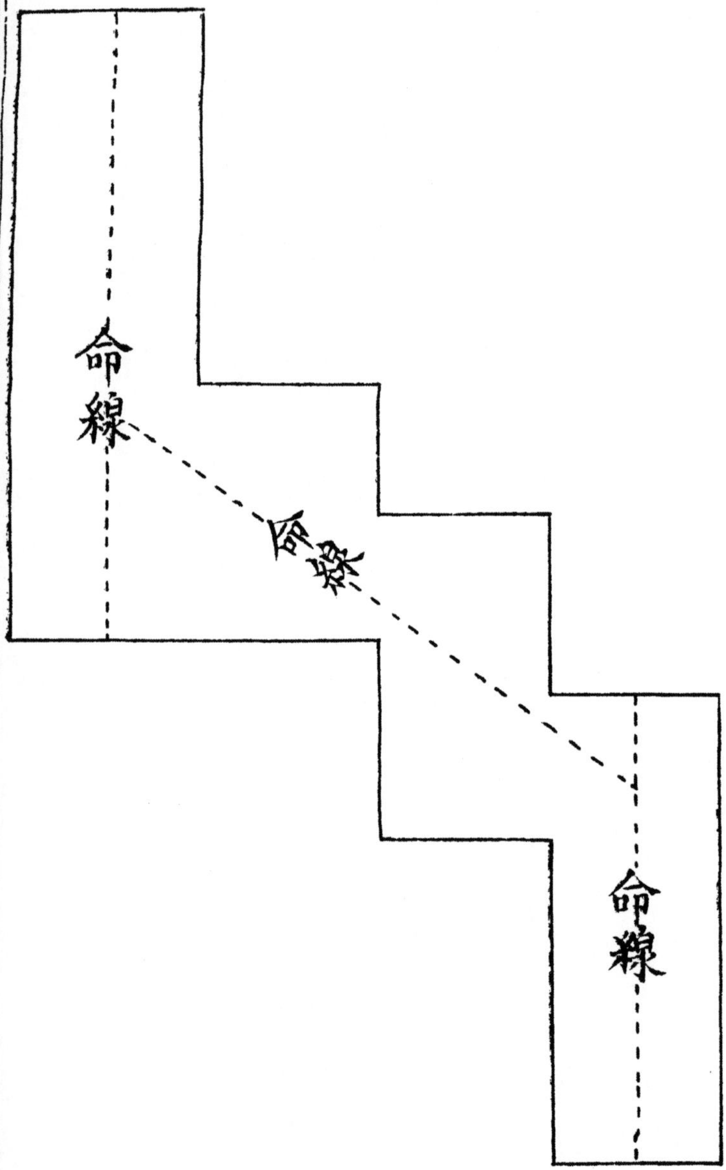

右具各式不能悉備就一反三是在善悟者。

(註)宅命爲一宅主氣。凡有一屋。卽有坐向其坐向偏正不一。隨其所差絲毫。認定踪跡不可少誤。其層間多者或前後坐向不一。則須審其長氣如何。卽命主也。此極須活變。方能得其眞機。如必按圖索驥則失之遠矣。故須善悟也。

隨門定卦第二十二

宅命旣得。內外諸門。必須步步與宅命相合。方爲完璧。如宅命得西四宅。則諸門皆須西四之氣。若參一東四之氣。

卽爲不純居其室者或難昌盛故一宅之內房間衰旺各有不同不得謂居其宅內卽皆吉也或東房敗而西房興或南間强而北間弱此皆門中受氣參差以致福有厚薄也故須知隨門定卦之法其法在每門當中坐盤看此門向彼門是何卦路直對者直看斜對者斜看如正針午兼丁向爲姤卦姤與復爲夫婦姤復外三爻爲乾坤宅命當此卽爲西四宅命宅命既定然後在大門內口正中坐盤看二門得否卦否與泰爲夫婦否泰外三爻亦皆乾坤則與宅命同爲西四宅矣再在二門正中坐盤看東西兩廂

之門東廂門得无妄。西廂門得否。再在廂房外簷門正中
坐盤。看內房門。如東廂三間。看南間內房門。得大畜。北間
內房門得隨。雖有衰旺之殊。然皆西四之卦。或將北間門
向東移錯。則得无妄。其餘仿此推之。故門門相接。爲引氣
入內之路。至內室之門。尤爲關緊。不可忽也。既知定卦。再
按元運詳其衰旺而用之。則純吉矣。蓋氣純不如氣旺。氣
旺當元。雖有不純。亦能發福。如西四宅命。諸門固以得西
四之卦爲純。如得西四之卦而當衰氣。猶不如雜以東四
而得旺氣爲愈也。凡門取卦。皆須入旺而出衰。如從外向

內看。則步步取本元旺氣。從內向外看。則步步是本元衰氣矣。故收氣以衰爲旺也。定卦格式。具圖於後。

隨門定卦圖式

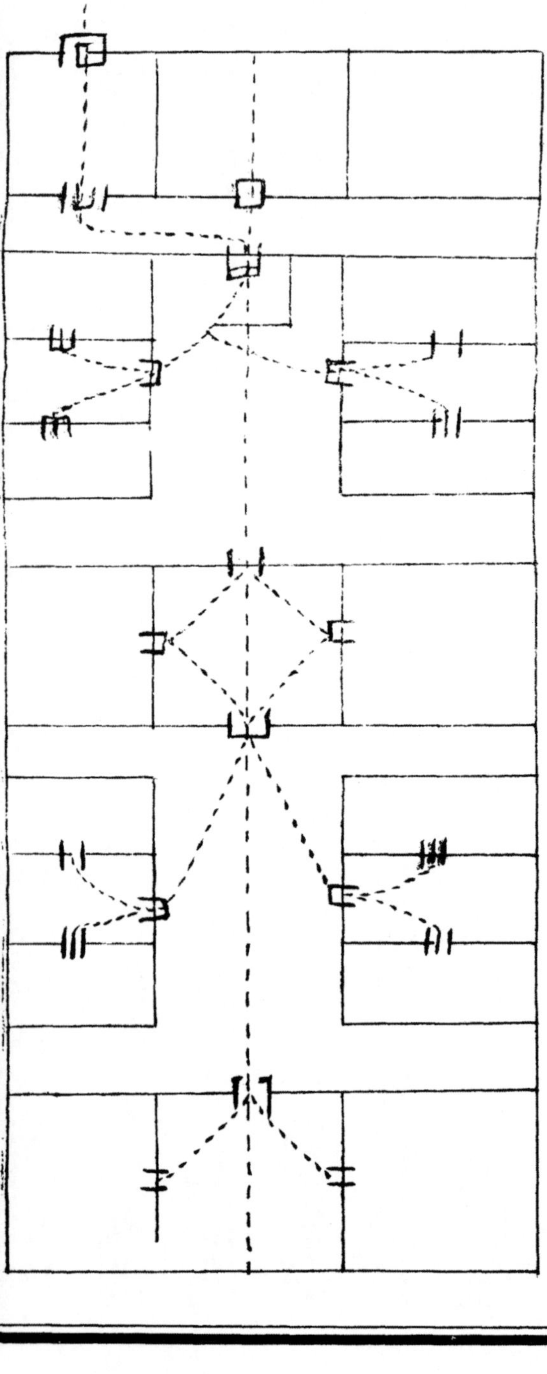

右圖中間一線爲命線。各門相向之斜線。卽爲卦路。

（註）陽宅坐盤。紛紛聚訟。有謂簷下坐盤者。有謂各院各一太極。在各院中間坐盤者。有謂一宅之內。無論長短闊狹。必須在全宅之中心坐盤。以一太極者。祇因奧理未明。故各逞臆說。奚啻盲人指路耶。今吾師直以各門坐盤。顯示進氣之路。無少隱諱。眞如夜行得燈。何等欣快。其中尙有許多活變法。久讀全書。善悟者當自知之。

卦數衰旺第二十三

運數有運數之衰旺。卦數有卦數之衰旺。如一二三四。謂之小數。六七八九謂之大數。以洛書配先天卦。則一數坤。二數巽。三數離。四數兌。六數艮。七數坎。八數震。九數乾。如乾九數。則六十四卦中。凡外卦是乾者。皆九數。兌四數。則六十四卦中。凡外卦是兌者。皆四數。餘倣此。如在上元。乾爲一運。九數之卦。爲本運衰氣。則爲旺門。此所謂以衰爲旺也。故上元之門。必出大數。入小數。下元反是。

(註)小數大數。羅經圖皆詳載。熟玩自明。

運數衰旺第二十四

運數衰旺。與卦數衰旺同。然所用則有少異。如上元萬不可用一二三四卦開門。而運數則不拘。蓋一運之一數卦。
爲上元旺氣。一運之九數卦。則爲上元衰氣。六七八九運
之九數卦。則爲上元死氣矣。衰死之氣。皆可開門。
(註)運數與卦數。必須合參。如上元一二三運爲旺。如在
一二三運中。再得一二三卦數。爲正旺。如在六七八九
運中。得一二三卦數。爲次旺。在一二三運中得六七八
九卦數。爲衰。在六七八九運中。得六七八九卦數。爲死。
此所謂零神正神也。蓋本運旺數爲正神。除正神之數。
爲十數之零者。爲零神。如一與九爲十。在上元則一爲

正神十。除一餘九。則九爲零神。下元反是。

房間高低第二十五

房間固以主房微高。羣房微低。爲正格。然宅命不能改移。元運時有更代。則房間之高低。有不能執定主房高者。如後爲主房。前爲羣房。固須前低。有時元運一變。則前低後高。反受衰氣。不能不改爲前高後低。以受旺氣。不知者反謂前高壓氣。殊謬甚矣。如新造一宅。則須辨清本元宅命主房微高。兩廂微低。而兩廂則無庸分高低矣。萬勿拘遊年之說。而使兩廂有一高一低。反使宅氣不純。一宅之中羣房之簷。總以相齊爲是。

(註)俗術必以前低後高爲定格。一遇前高後低之宅。卽謂不吉。豈知其所以不吉。不在高低之形局。而在高低之截氣。故高低必辨元運之宜。不拘前後之格。其以遊年之星分高低者。尤爲妄作矣。

門外空閑第二十六

一宅之內。宅命門路。俱合本元衰旺。而吉應不驗。反有不吉之應者何也。蓋宅內房間高低。與宅命門路雖盡合元。而進氣不暢。故不應也。宅內四壁整齊。無少破碎。則天氣不能混入宅內天氣不入則專賴門氣以司生息門門相接尤總賴臨街大門爲進氣咽喉乃觀大門之外路逕逼窄內氣出不得伸外氣入不能暢而前鄰高壓則我宅所受之氣反不能從我之旺處來轉從我之衰處來矣從我之衰處來亦焉能有吉應哉我宅本宜受南氣爲吉宅內安排皆待受南氣之勢而向南門外前鄰高逼則高鄰截迎北氣反入我門因以反入我宅我所欲受之南氣不得而我所不欲受之北氣反來故門外尤爲關緊也倘前鄰雖逼而不高或雖高而不逼則尺寸之間大有裁度非死

板也。故立宅欲受前氣者。必須門外寬展。進氣方得舒暢。不至爲嶠星壓變也。

(註)門爲進氣之咽喉。外地逼窄。本非所宜。如外地逼窄。宅內亦逼窄。則內外氣勻。尚可生息。若外地逼窄宅內院宇曠闊。則出入之氣。皆形鬱塞。萬難應吉也。

外氣變局第二十七

外氣變局者。宅內之氣。爲宅外之氣壓奪。而變其本局也。宅內氣短。宅外氣長。此長短相壓。宅內氣弱。宅外氣猛。此猛弱相壓。宅內氣窄。宅外氣寬。此寬窄相壓也。壓之則本局所受之氣。即爲之奪而變也。故相宅者。審內尤須審外。

(註)宅內氣短。宅內淺小也。如方長一宅。門迎長箭道。則箭道之氣。來處甚長。壓入宅內。則宅中原受之局氣。不能不爲之變矣。故凡死衚衕。門居其底者。皆受變氣。具圖於左。

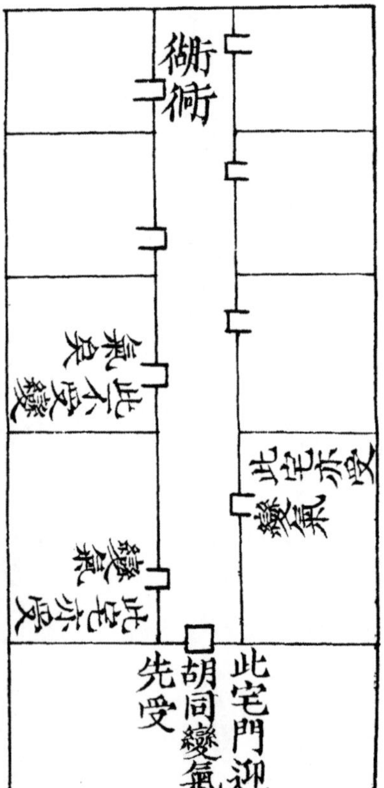

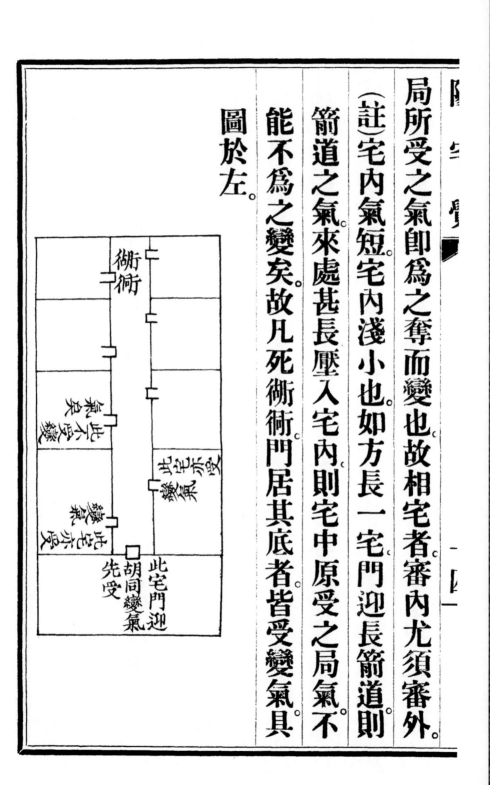

宅內氣弱。宅外氣猛。外有猛氣。故內氣弱也。如宅門之外。有一面長牆高屋。欄截其旁。他處皆空地。門近牆邊。則欄截之氣。粗猛入宅矣。具圖於後。

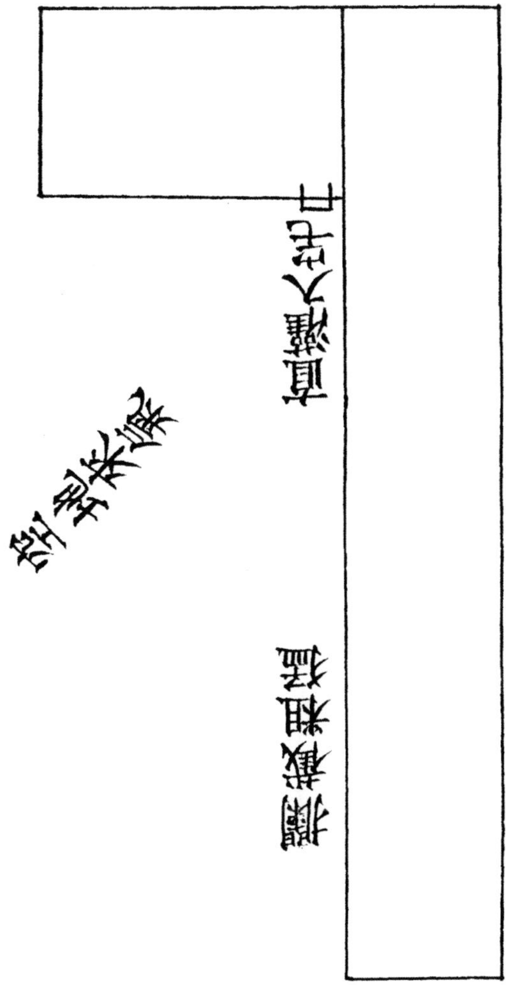

宅內氣窄。宅外氣寬。兩不相敵也。具圖於後。

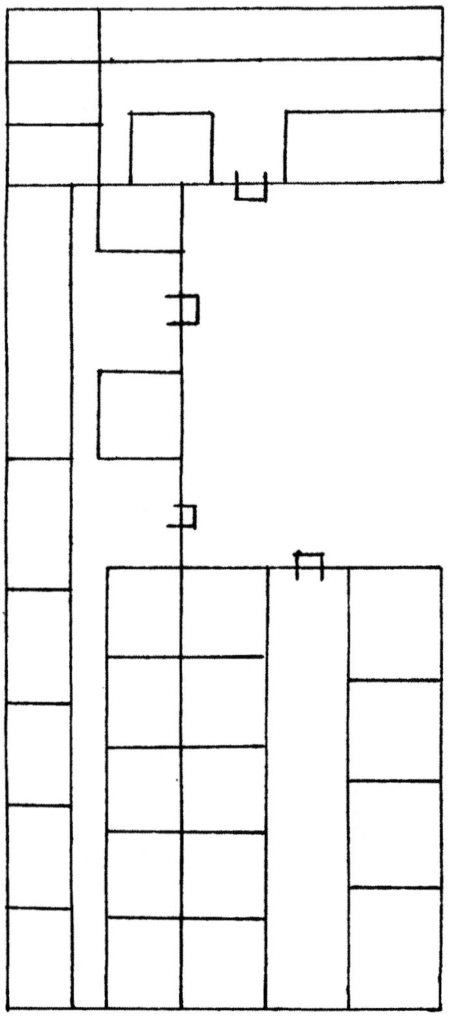

右圖各舉一式。以待善悟者。

抽爻換象第二十八

抽爻換象者。移衰就旺也。元運既改。則旺變爲衰。如不改移。何堪其困。改移之法。祇在爻象之抽換。抽換者。一偏一正。一轉一折。一欄一截。即可使宅氣變易。衰旺互更。抽換之間。造化在手。眞妙用也。其法以偏正爲第一法。高低次之。轉折又次之。欄截又次之。偏正者。正者偏之。偏者正之也。高低者。高者低之。低者高之也。轉折者。轉直而折曲也。欄截者。欄來而截去也。此四法者。皆微妙天機。非可勉强也。

偏正改移圖式

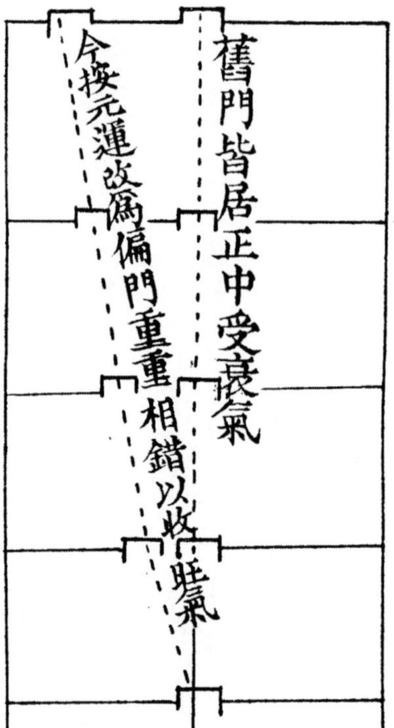
舊門皆居正中受衰氣
今按元運改為偏門重重相錯以收旺氣

右正中開門受本元衰氣則塞其正門改為偏門重重斜錯進氣頓改矣

高低改移圖式

南來衰氣入宅須將南層改高北層改低則氣從北入衰氣變旺矣

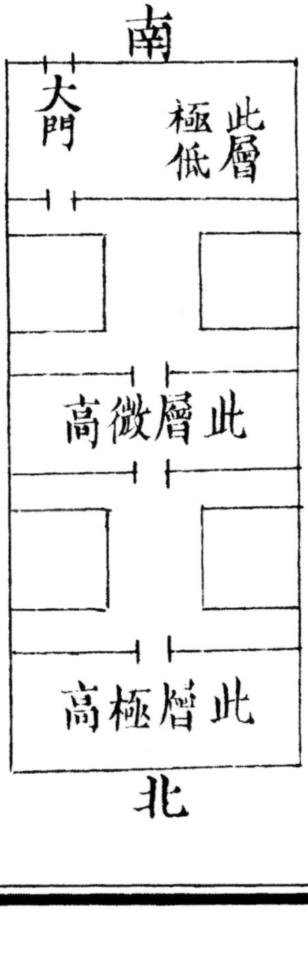

轉折改移圖式

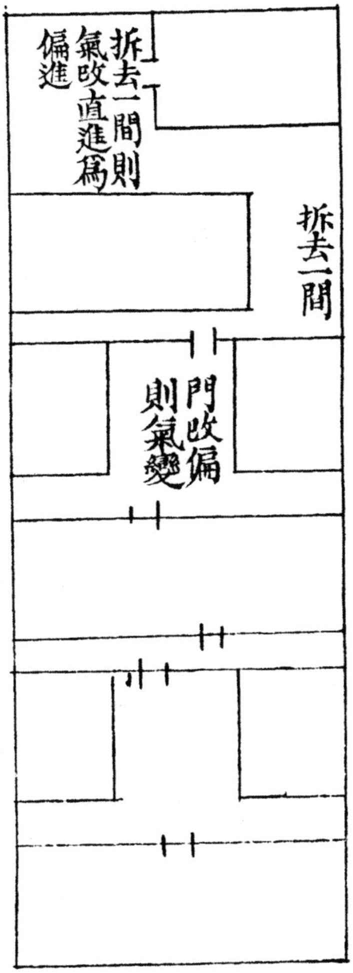

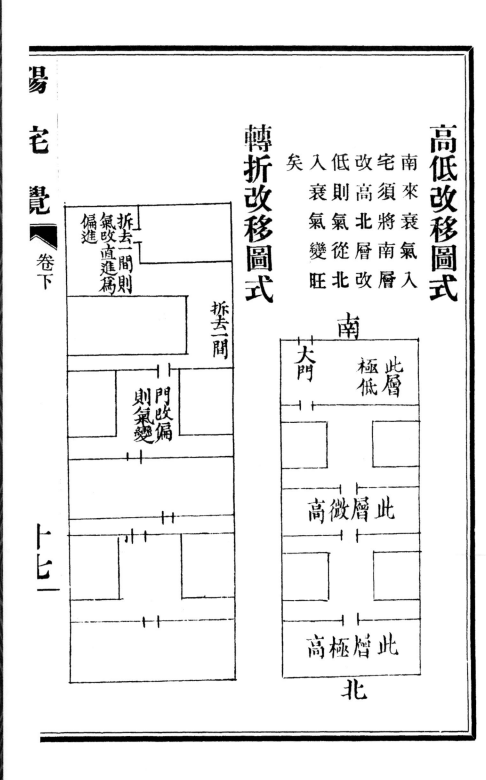

攔截改移圖式

宅內攔截式

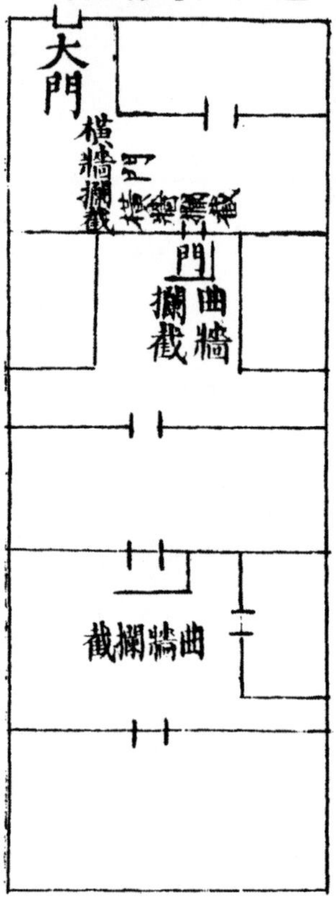

此宅受直來之氣攔截之改受曲來之氣則可變衰爲旺

宅外攔截圖式

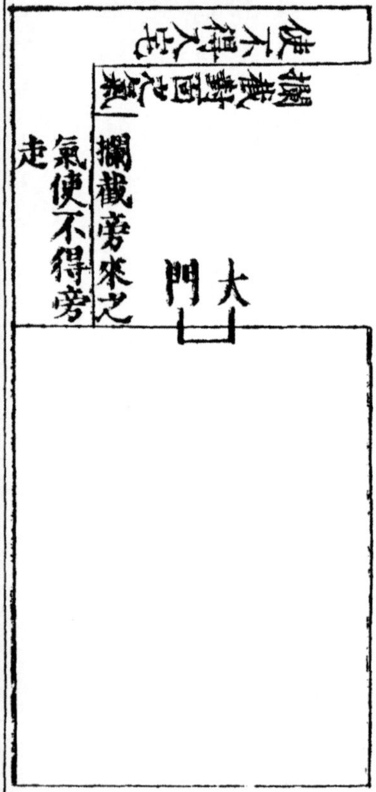

此宅受對面衰氣攔截之改取旁面旺氣入宅

(註)抽爻換象。祇是改移進氣。如原受姤卦之氣爲衰。偏正之。改受大過卦鼎卦或大有卦之氣高低之改受復卦對面之氣。則爻象悉改。卽爲抽換也。此必須心思活潑。卦爻純熟轉移之間。興敗迴異。眞妙造也。

徵引第二十九

陽宅諸書。各家聚訟。折中之法。宜就現在所經見者。驗其是非。則實跡勝於虛談也。故作徵引。

遊年之說不足信徵引

時師謂坎主坤門。爲絕命凶宅。文安縣勝芳鎭。王詢古住宅。坎主坤門富甲一鄉。三子三女。王君官清苑縣教諭。余視其宅。坐癸向恒。門開解卦。解與恆癸爲子息。見父母宅命門路皆合上元旺氣。恆癸又爲貪狼官星。故富而且貴。

又勝芳鎮王贊周宅。坎主坤門。人財兩旺。子孫在膠庠者數人。余相其宅。北西南三面房間皆高。獨東房低。透進損卦之氣。爲上元旺氣。損爲彌星。故主文名。

又霸州石城村田景西宅。坎主坤門。五子一女。父子皆武庠。其次子名則卓中辛卯武舉。孫五六人。田地十餘頃。稱小康焉。

時師謂坎主兌門。爲禍害凶宅。勝芳鎮王緒堂宅。坎主兌門。富稱萬金。人丁鼎盛。

霸州靳家鋪。邱新之舊宅。坎主兌門。富甲一邑。

霸州東關街。吳燕庭宅。是自國初舊基。坎主兌門。富稱百萬。官至督憲。今因改入衰運。家財漸耗。然燕庭令兄。尚現任山西知府。

時師謂坎主巽門爲生氣吉宅。大城縣王家口鎮。王廷莊宅。坎主巽門。從入上元。家財零落。且有女無子。

永清縣靳各莊劉宅。其先舊宅。闈係坎主坤門。兄弟兩翰

林官至督撫後改修坎主巽門至今零落

(註)以上略舉數端以見遊年之無驗外此不合遊年而興合遊年而敗者尙不勝枚舉有心人其詳察焉

龍水得力徵引

陽宅龍水必喜粗雄方爲得力文安縣城東北二里園裏村于姓其宅後從甲字離卦平地起脊高數尺長里餘氣甚雄猛直入其宅上元大發丁財

霸州莊頭村高姓宅從西北觀卦來水寬數丈長三四里直朝其宅下元富甲畿南由同治初漸敗今大敗矣

固安縣孟家莊萬姓宅。需卦水朝上元大發。

空閉徵引

永清縣李家口葉姓宅。院宇曠廓。坎房五間。開巽門。主人頗知遊年問余曰。此坎壬巽門。何故屢傷丁口。余曰。此院宇曠廓。天氣透進。壓奪門氣。雖大凶大吉。皆不能應也。此宅陽氣太盛。陰氣不足。陰不能含陽。陽盛氣散。欲不傷丁難矣。此空之過也。武清縣王慶坨曹宅。邀余往視。其宅坎主巽門。階高二十級。門內倒廳五楹。對廳各三楹。對廳南山連東西遊廊開二門。過廳五楹。後院正廂如前。院皆登階十五級。方至其堂。立於院中。仰瞻廳簷。如立井中。房間太高。閉塞大緊。余曰。此院陰氣太重。陽不能濟。主人丁稀少。景況淒涼。此閉之太過也。

空缺徵引

京都前門外板章胡同。任邱劉鶴莊宅。於其臥室之乾方閃一空缺。其正廳與其鄰房相夾高處。閃出一口。正當離氣。辛巳年四月。衝動其凶。鶴莊猝病亡身。文安縣石溝村羅姓宅。前有兩鄰高房相夾。閃出空缺。正當姤卦。透進天氣。遂得丁財兩旺。

嶠星徵引

余在固安縣牛坨鎮呂五先生指街前高樓問余曰此樓於四鄰鋪戶何如余曰嘉道咸年間樓北買賣興隆同治以來樓北不支樓南漸旺矣呂五先生服余神斷

王家口王姓宅坐落文昌閣西南閣在既濟卦內下元時甚旺至上元傷丁敗財家道零落

雜氣徵引

雜氣之禍最慘最速真可畏也霸州東門外西後街某姓者自國初富甲一邑其曾孫某嫌其宅欠華美因改修之

用正子午向宅工初畢。即連遭人命官司。家財遂日敗。長子夫婦相繼夭亡。不十年家貧如洗。且有醜聲。

文安城內楊姓宅。坎主巽門宅命犯子午雜氣。連年官司不休。子且行盜。數被刑杖。遂夭亡。家產蕩盡。鬻其宅於某居之。無子納妾。妻夭折。

任邱縣李姓有閒宅一處。犯子午雜氣。作書房。師徒屢病死。靜海縣于聘卿宅。子午略帶雜氣。傷丁敗財官司災病。家人嘻嗃。無少停息。

天津城內大儀門口街一宅。本不犯雜氣。祇因門門相錯。

而成雜氣。連敗絕七家。後王星垣購居之。又連傷丁口。伊本身又得重病將危。遂移居他宅。病得愈。自居此宅。官司連縣。家人嘻嗃。乙未秋。余爲改移其門。遂安。

（註）雜氣禍最重。犯之無不立應者。慎之慎之。

宅命徵引

入宅先須看宅命。不知宅命。難斷吉凶也。其方正之宅。宅命易取。惟轉折斜錯等宅。宅命不易取也。津郡府署西高姓宅。連錯三方。時師每不知從何取局。張星橋兄邀余往視。其宅從東北至西南氣長。當於是。取命卦得家人解正衰氣入宅。幸中院北房高。招進姤卦之氣。但中院內路斜衝。東南一間。與西北一間。恐難生育。詢之果然。具圖於後。

高宅圖式

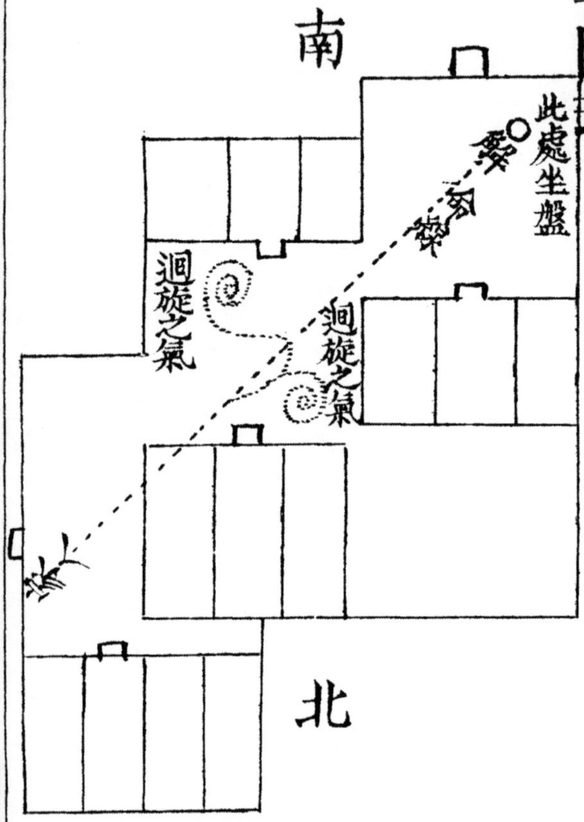

高宅三方院相連相錯立於西南角望東北角豁豁亮亮一條氣道固當於是取命然宅氣斜割中院南房之東間北房之西間受迴旋之氣往來翻轉餘氣不融安得生長余爲之用攔截法稍變動之以迎旺氣

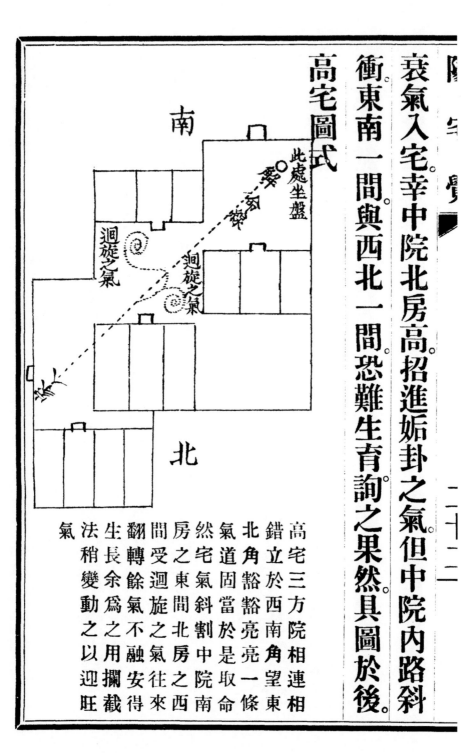

宅有不能取一命者。當各論之。津郡北柳台村康姓宅。其地基如磬折之式。則當東西自取一命。南北自取一命。各審衰旺修之。圖於後。

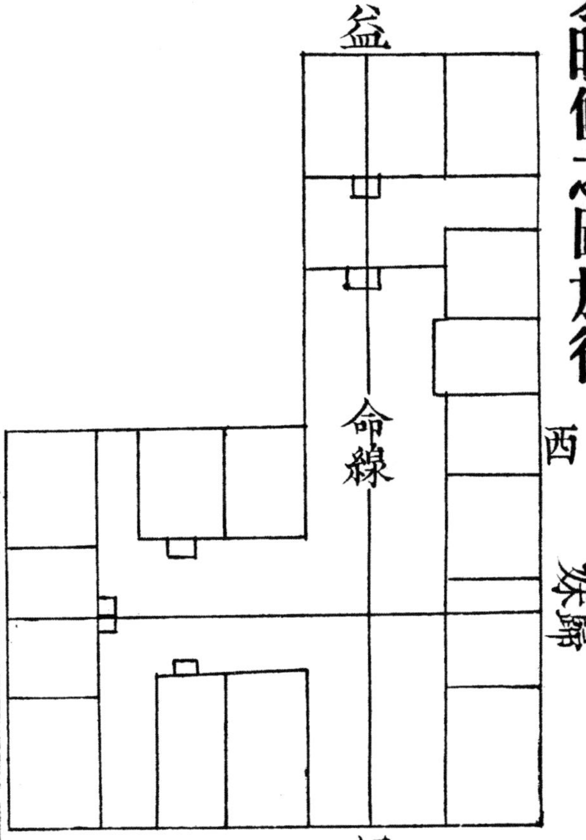

南北命線恒益今在上元自宜恒低益高

東西命線歸妹漸今在上元自宜歸妹低漸高爲合衰旺

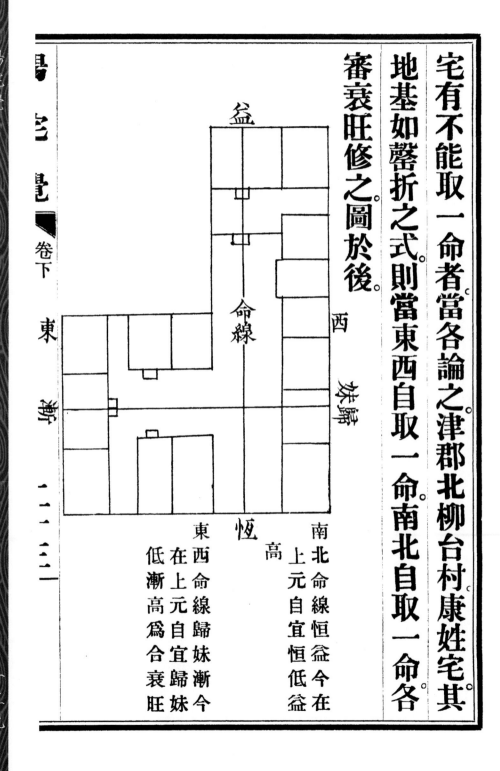

宅有轉折。中節氣短。不必另取命。蓋其宅兩頭氣長。中節氣短。則長氣壓住短氣。短氣不及變也。京都前門外鐵拐斜街。張姓宅。初進大門。連套兩院。而後西折。又北折。西折之節。僅一小院。又北折一連三院。其中院短小。氣不及變故無庸另取命。具圖於後。

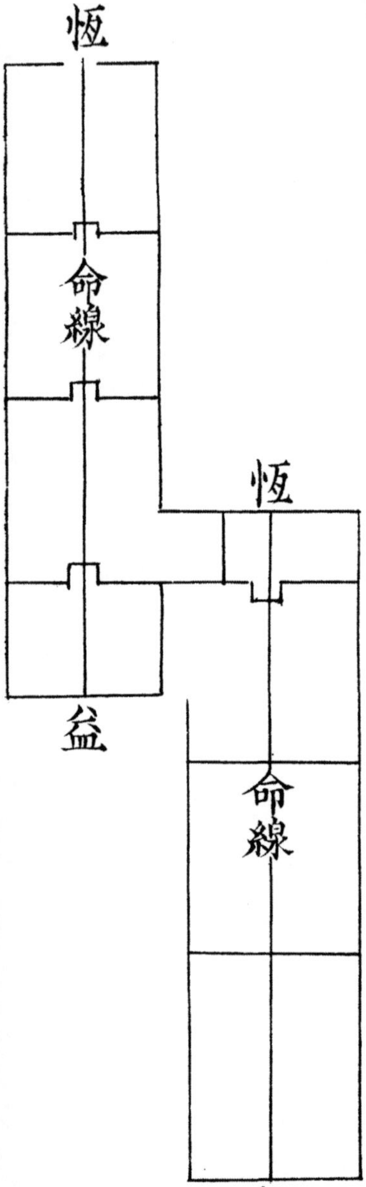

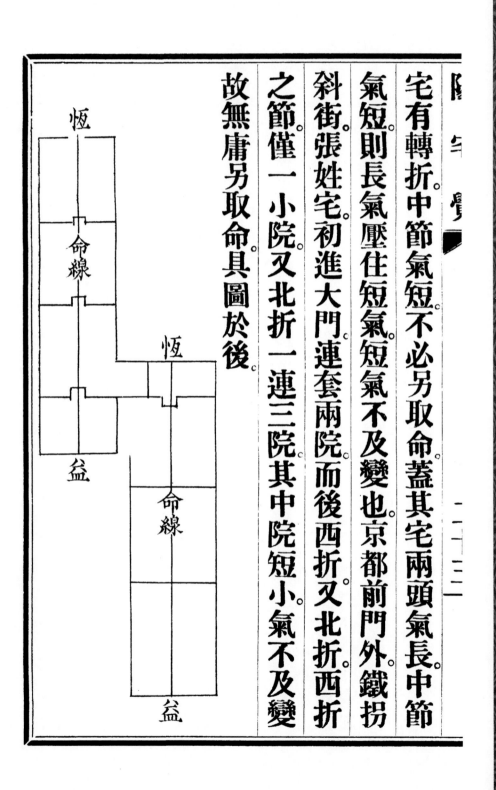

凡氣有不及變者。則不必另取卦路。前余在文安城內齊。教諭。擬租公館。邀余往視。比鄰兩家。其一家東西五間寬。在東頭一間開大門。大門內口。離東廂南牆一丈二三尺。齊兩廂南牆。橫築東西牆。二門在牆之正中。大門內口之西。一丈五尺。築南北小牆。牆開月門。則月門之東。大門內口之西。自成一院。故須在月門正中坐一盤。蓋大門至月門。氣已變也。月門至二門。氣又變也。彼時紀心菴從余學相宅。心菴攜盤。按法坐盤看畢。又至一家。其宅與前相似。亦東頭一間開大門。大門內二門外。亦有月門。心菴攜盤在大門看畢遂移盤坐在月門正中余曰此處無庸坐盤直在二門坐盤可也心菴以爲方纔如此今門院相似何又不如此不知此宅大門內月門外方廣僅五六尺大門所進之氣二門所出之氣在此經過皆未及變而已至其處故無庸另坐盤也此與院宇中間短小不另取命之義相同故附錄之以啟悟機

隨門定卦內室尤關緊要徵引

文安縣紀心菴屢不立子余視其內房門爲本元死氣遂爲之左移五寸許乃得本元生氣年餘生一子今九歲矣

讀書甚敏捷。
任邱李澤圃宅。其穿堂之西室門在穿堂南門中坐盤弔之。爲乾巽雜氣在穿堂之北門中坐盤弔之。爲艮坤雜氣。詢之。果在此室連傷丁口。後改爲廚。而廚夫在內自刃。故內室之門。不可忽也。
房間高低徵引
房間高低最爲關緊。蓋透進天氣。能奪命氣。改易禍福也。
勝芳王贊周宅。本取大過宅命。當受衰氣。乃其南北西三面之屋俱高。獨東面屋低。而損卦之氣。遂透入宅中。壓奪命氣。故逢上元大發富貴。其旁院相連。房屋齊高。不透天氣。故皆得借此處所透之天氣。壓滿宅中而皆吉也。

固安縣王姓宅。大過頤卦宅命。北房高。南房低。受本元衰氣。其院扁闊東西廂各一間。令其拆去東廂。改爲短牆以受損卦之氣。遂得飽煖。

門外空閉徵引

天津院署後李勵臣宅。院宇寬闊。甚爲合格。惟大門外轉灣胡同甚窄。不及一弓。宅氣因出入不暢。遂屢傷丁口。此閉之過也。

永清李家口葉寶珠宅四合一院。甚屬合格。乃大門外南鄰長牆伸出十餘丈。攔截西北之氣。入宅太暴。此空之過也。具圖於後。

葉寶珠宅圖式

其宅北房五間。東廂三間。西廂三間。南借鄰牆。在西廂之南開大門。大門外南鄰長牆西伸十餘丈。西北皆空地。直連曠野。正西正北西北之風氣皆順南鄰伸出之長牆。直灌宅內。是有長牆之閉。愈顯西北之空。有西北之空。亦愈顯長牆之閉也。

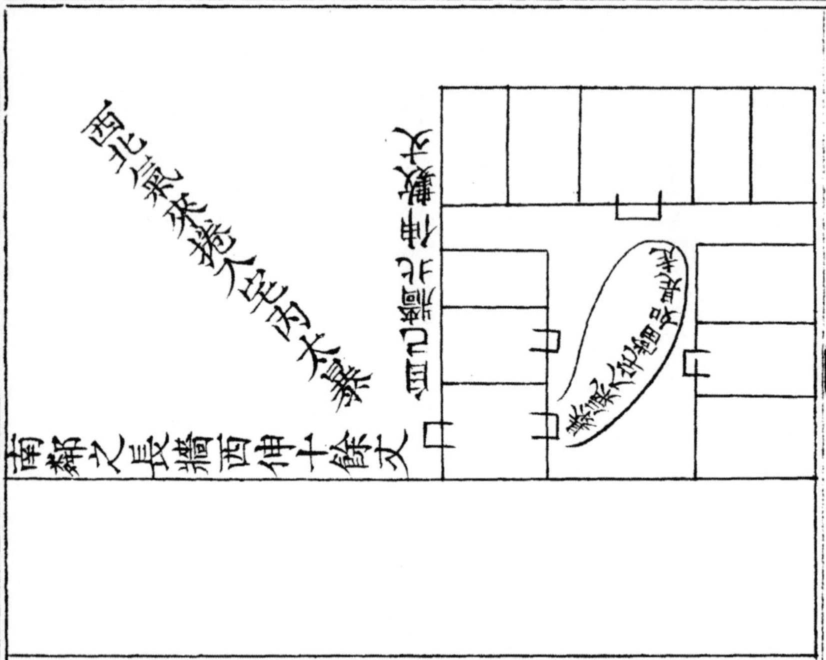

余相其宅曰。西北氣來入宅太暴。東房北房。皆當絕嗣。西房尚可生育。詢之果然。蓋暴氣捲入宅內。東房迎之。必向北行。北房又迎之。必向西行。至西房迎之南行。則暴氣熄矣。故可生育。其東房北房。正當暴氣之背。衝刷之。安得不絕。

外氣變局徵引

天津陳姓宅。其宅前門在北城根。後門在針市街。由其後門入。甬道甚長。其宅後院。有向東便門。甬道過此門。略向東折。遂阻留北來之氣。入其後院。由其後院至前門。尚連三四院。宅命大過。衰氣入宅。幸得北來甬道之氣。收頤卦。故在上元發也。

又張姓宅。在城內城隍廟街。南向北大門。入門亦甬道甚長。至其宅後門。三曲而止。其宅有前門。南北連四院。宅命姤卦。正得本元旺氣。因其北來甬道復卦衰氣。由後便門壓入宅中。遂奪命氣。轉旺爲衰。幸居之未久。故尚未覺病。余告以攔截法。阻其北來衰氣。使不入宅。可少救也。余家舊宅。坎主坤門。甚屬順適。時師皆謂門主不合。必當移改。家兄惑焉。遂延名師李相度之。李言與諸師同。言必須移大門於東南角。李循宅外徧觀。余宅東南角正當北來胡同東折之地。李卽令直向東折胡同開門。家兄從之。遂如所說移改之。余彼時雖稍知陰陽。亦祇習遊年俗術。故亦不知其所說之非。移改之後。不數月家母遂得病。迤邐遂不起。其明年家母竟逝世。相繼先嫂又逝世。賤內又得重病幾死。二舍姪亦重病甚危。遷居親戚家養之得愈。余由是疑焉。然亦不解其故。彼時家兄隨家姊丈宦遊江西。余亦未敢擅改。厥後病人連緜。諸事舛錯。遂與大舍姪商定。仍移門舊處。遂得平安。然仍不解其故也。自余得傳以後。始知外氣爲災。並不關理氣之衰旺。實係形勢之吉凶。胡同北來甚長。至門前東折而去。往來之氣至此折身。其折身暴氣壓入宅中。安得不有凶應耶。如竹木之折也。其肘外皆破碎狼藉。此氣正如折竹。而門正當其破碎狼藉之所。此氣之暴何以當之。故相宅形勢亦爲關緊。

（註）徵引數節各式略舉一二以啓悟機而定卦審運諸妙法皆可借端悟入是在慧心者

斷驗第三十

斷驗一事非以顯相宅之能乃以證吉凶之應也以此法斷之而不驗以彼法斷之而無不驗則當舍此而學彼故斷驗舊宅爲相宅者關緊功夫

入此一宅先看其形勢有無凶惡或街巷斜衝水路暗射嶠星壓氣空缺透天或街巷兜抱太緊而無餘氣或流水下奔太急而作音聲此皆形勢之所忌也雖當此忌然亦

不可遽謂之凶。猶須以理氣證之。如再當衰死之地。雜氣之方。則凶應可斷。

形勢既辨。當審其理氣。指南放定。看其有無大小雜氣。看其是否衰旺顛倒。看其宅命坐何卦路。看其內外諸門。與宅命是否相合。看其房間之高低。看其院宇之大小。是否與房間高低相稱。房高院小。卦路當從何定。房低院大。卦路當從何定。三面低一面高。卦路當從何定。三面高一面低。卦路當從何定。是皆須極有斟酌。斟酌不悞。然後斷驗方靈形勢理氣兩事相合。方能斷驗有準。看其高處透進之天氣。低處引進之命氣。門氣。是否有無壓奪。然後按形勢之吉凶。核理氣之衰旺。心領神會。而天然之是處自得。然後斷其某年凶。某年吉。某屋凶。某屋吉。定可絲毫不爽。

斷驗之法。散見前篇者不少。其眞機必須先將陰陽理氣。洞悉胸中。臨時自有把握。如院小房高爲陰太盛。可斷其陰凝不育矣。倘其開門宏敞。門外氣寬。則因閉見空。又尤爲得力。如院大房低。爲陽太盛。可斷其陽散凋零矣。倘其屋在一隅。而內室寬深。又可以院宇作街巷論。單取其內室之衰旺。以斷吉凶。此中活便從心。頭頭是道。惟眞知之者。能行之也。

理氣禍福。各有所應。如子午雜氣。偏主官災、盜賊、回祿、血光。亦主桃花。而較輕於卯酉。卯酉雜氣。則偏主淫邪、人命、官刑、殺戮、客死、徒流。故凡閹寺皆出於卯酉雜氣。此雜氣之在四正者。爲第一大凶。其四隅雜氣禍應較四正稍輕。而官非口舌敗財傷丁天亡橫死。則同也。惟桃花有不應者。

其小雜氣。雖比八大雜氣禍輕。而少亡尅妻官非災病。亦所難逃。至出人流蕩。賭賻敗家。則又其所偏主也。
其四象分界。謂之三四七六相兼。偏主家庭不和。人各一
心。嘻嘻嗃嗃而已。
其按卦斷驗之法。如坎離當衰。則主目疾血災。心病狐邪。
震巽當衰。則主足疾縊死。瘋魔雷厄。乾坤當衰。則主頭面
腰腹諸病。血光腫症。有偏應於一方者。如申中解渙兩卦
雙收。則偏主溺死。故申子辰年溺死者多。寅中家人豐兩
卦雙收。則偏主瘋疾拐脚。乙中歸妹中孚兩卦雙收。則偏
主縊死眼中生翳。巽中履泰雙收。則偏主曲背駝腰。目病

旋螺。又歸妹履卦皆主眇目。而歸妹之目疾。則僅生薄翳。履卦之目疾則突出旋螺。又如蠱卦當衰偏主毒藥。噬嗑當衰。偏主刑杖。隨卦當衰。則主為人役。又如復卦主雙生。巽卦主善書善畫。此皆大卦自然之理。余著有圀圖語一書。斷法甚詳。可互參之。

雜記第三十一

東四西四說◯東四西四之說。始自八宅周書。人人所知也。然試問何爲而有東西之名。則茫然不知矣。此蓋本於義卦橫圖。太極生兩儀。兩儀生四象。四象生八卦。而來兩儀者陰陽也陰陽又各生一陰一陽爲四象陽儀所生之陽爲太陽所生之陰爲少陰陰儀所生之陰爲太陰所生之陽爲少陽四象又各生一陰一陽爲八卦太陽再生一陽則三畫皆陽爲乾再生一陰則兩陽之上一陰爲兌太陰再生一陰則三畫皆陰爲坤再生一陽則兩陰之上一陽爲艮是乾坤艮兌皆二太所生太老也老則爲秋成之氣其氣歸於日入故曰西少陽再生一陽則一陰之上得兩陽爲巽再生一陰則一陰之上得一陽一陰爲坎少陰再生一陰則一陽之上得兩陰爲震再生一陽則一陽之

上得一陰一陽爲離。是震巽坎離皆二少所生。少稚也。稚則得春生之氣。其氣長於日出。故曰東。此東四西四之說也。然不過太少不雜耳。夫用卦各有格局。太少不雜。用卦之一格也。如不能合太少者。則分清隅正。亦爲一格。隅正者。先天八卦乾坤坎離居四正。震巽艮兌居四隅也。蓋乾坤坎離得天地之中氣。陰陽不偏。故居四正之位。震巽艮兌。得天地之偏氣。陰陽不中。故居四隅。四正者中正也。以中正之氣。居中正之位。而不可變易。故乾坤坎離反觀正觀其爻不變也。四隅者偏隅也。以偏於一隅之氣居偏於一隅之位。而彼此可以互變互易。故震反觀爲艮。艮反觀爲震。巽反觀爲兌。兌反觀爲巽也。世俗止知以太少分格局。不知以隅正分格局。猶祇知其一。不知其二者也。

(註)用卦最重格局。或取太少。或取隅正。不可彼此相雜也。不但陽宅如此。陰宅倘太少隅正夾雜。亦是大病。

陽宅最重乘氣。乘氣須識公私。公氣吉不爲吉。凶亦不必爲凶。必觀其所乘之私氣。若何。何謂公氣。如街巷所來之氣是也。何謂私氣。本宅所受之氣是也。私氣吉。公氣雖凶可以抵之。然亦以長短較其力量。公私并吉方爲發福之宅門人問曰時俗所傳陽宅諸書亦有可取否曰惟有得一錄是眞傳正授然其書太簡又秘其奧旨而以支干作啞謎故不知卦理讀之無益既知卦理讀之仍無益也外此如陽宅匯易陽宅井明雖皆於卦理有所發明惟未得眞傳故未免穿鑿附會然此二書尚皆通儒筆墨其所言多有可採者元運等說皆遵俗法吾特惜其才之誤用也

張星橋曰陽宅大全云門對房尖當出橫死往往有驗者竊以爲僅僅門對房尖不必如此之凶今天津西門內大街南大水溝胡同路東劉香樹宅門對街西房尖其姪果

遭橫死時師皆據大全之說羣指房尖之凶劉香樹因余友某邀余往視果見街西有房尖緊對其門然街道甚寬相隔丈餘入其宅見正北房四間南房三間有一間相錯其北房東與鄰房相連鄰房房尖高過四五尺其南房東亦與鄰房相連鄰房房尖亦高過四五尺鄰之南房稍靠北其兩鄰房之高尖相夾中縫透天正當卯中雜氣回頭西望其街西對門之房尖又正插酉中雜氣其宅之坐向宅命又正當正子正午正卯正酉四大雜氣滿宅之中雜氣充滿焉得不迭遭凶禍耶其北房四間東頭一間爲獨

間在此間門中坐盤。東鄰之北房尖在外盤寅字。大門衝西房尖。在外盤申字。外盤寅申又皆是小雜氣。劉香樹之嫂與其姪居此屋。故申年三月兩煞對衝。其姪在鋪中與同人嬉戲。誤傷立斃。於是知門對房尖。若不犯雜氣。未必遂有此凶也。今宅東夾起卯中雜氣。宅西衝起酉中雜氣本屋又值寅申小雜氣。此爲迭煞。故有此凶應也。大全謂門對房尖必出橫死。豈可槪論也哉。倘門臨本元衰氣。而對面有高起之房尖欄截旺氣。迴返入門。反得轉凶爲吉。必謂房尖爲凶。則固執不通之論矣。按劉香樹居此宅七

年傷丁敗財且子女未立在劉以前居此宅者已敗絕數家

門人問曰凡考試之期師爲人擇選考寓未有不驗者其法何如曰此雖是弔替九星其實仍是卦理其法於洛書數中專取四一弔替之得兩數同至一宮則爲文明會萃之所如有一宅乾房高大則曰乾宅卽取乾六入中宮以次飛遁六入中則七到乾八到兌九到艮一到離二到坎三到坤四到震五到巽如卯年考試則取震三入中宮以次飛遁三入中則四到乾五到兌六到艮七到離八到坎

九到坤一到震二到巽。故卯年考試。取乾宅之東房。必主功名顯達。如今年丁酉五月。學憲案臨天津。余友劉麓森擬考拔貢。囑余代覓考寓。覓得坎宅東北房一間。正合吉格。後因房價太昂未居。而靑縣陳君居之。遂得中選。故四一同宮。必主文明。未有不驗。

跋

吾師晫農夫子游歷畿南蓋逾十稔棠嘗從之侍凡陰陽屈伸之奧乾坤變化之機莫不剴切指陳以盡其趣每有心得棠輒記錄之藏諸篋笥竊欲積久成帙彙爲一編以傳於後凡所議論蓋皆涵泳乎周易探討乎丹經而得其會歸之旨故於幽邃之理皆能淺顯言之而無不表裏通徹焉乙未秋暮因田氏之葬復來畿南風雨留人信宿頗久棠乃得伸久鬱之懷白獨殷之願曰陽基者生人託寄之區相關最切而世間僞術僅靠游年甚至鄉老村夫亦

皆知六煞五鬼爲凶福德天醫爲吉其謂爲吉者雖屢遭凶應而不知遷移其謂爲凶者雖確有吉徵亦罔敢居息初不知始自何人創此游年之說遂至誤人若是之甚也每念及此嘗爲隱恨師若不亟爲正之則貽害將胡底乎師乃姍然而笑愀然而悲吁吁長歎曰張生之念固已公且仁矣張生之願蓋亦摯且恍矣豈知至道難傳林林者安得盡提其耳流弊難挽蚩蚩者何能遽解其迷雖然張生之心不可負也汝其執筆吾姑爲說焉終日繼夕錄得三千言師曰是亦足矣其有未盡者汝可補註之以申其

義棠乃逐節加註呈政於師遂定爲上下兩卷名之曰覺
蓋欲誤於俗術者知返也倘由是相宅家皆能自覺而悟
其前非因以得其眞是則斯民被福豈有窮哉棠其拭目
望之歲乙未秋九月中澣受業張蔭棠謹跋

占筮類			
1	擲地金聲搜精秘訣	心一堂編	沈氏研易樓藏稀見易占秘鈔本
2	卜易拆字秘傳百日通	心一堂編	
3	易占陽宅六十四卦秘斷	心一堂編	火珠林占陽宅風水秘鈔本
星命類			
4	斗數宣微	【民國】王裁珊	民初最重要斗數著述之一；未刪改本
5	斗數觀測錄	【民國】王裁珊	失傳民初斗數重要著作
6	《地星會源》《斗數綱要》合刊	心一堂編	失傳的第三種飛星斗數
7	《斗數秘鈔》《紫微斗數之捷徑》合刊	心一堂編	珍稀「紫微斗數」舊鈔秘本
8	斗數演例	心一堂編	
9	紫微斗數全書（清初刻原本）	題【宋】陳希夷	斗數全書本來面目；有別於錯誤極多的坊本
10－12	鐵板神數（清刻足本）——附秘鈔密碼表	題【宋】邵雍	無錯漏原版　秘鈔密碼表　首次公開！
13－15	蠢子數纏度	題【宋】邵雍	蠢子數連密碼表　打破數百年秘傳　首次公開！
16－19	皇極數	題【宋】邵雍	清鈔孤本附起例及完整密碼表　研究神數必讀！
20－21	邵夫子先天神數	題【宋】邵雍	附手鈔密碼表　研究神數必讀！
22	八刻分經定數（密碼表）	題【宋】邵雍	皇極數另一版本；附手鈔密碼表
23	新命理探原	【民國】袁樹珊	子平命理必讀教科書！
24－25	袁氏命譜	【民國】袁樹珊	
26	韋氏命學講義	【民國】韋千里	民初二大命理家南袁北韋
27	千里命稿	【民國】韋千里	
28	精選命理約言	【民國】韋千里	北韋之命理經典
29	滴天髓闡微——附李雨田命理初學捷徑	【民國】袁樹珊、李雨田	命理經典未刪改足本
30	段氏白話命學綱要	【民國】段方	民初命理經典最淺白易懂
31	命理用神精華	【民國】王心田	學命理者之寶鏡

32	命學探驪集	【民國】張巢雲	發前人所未發 稀見民初子平命理著作
33	澹園命談	【民國】高澹園	
34	算命一讀通——鴻福齊天	【民國】不空居士、覺先居士合纂	
35	子平玄理	【民國】施惕君	
36	星命風水秘傳百日通	心一堂編	
37	命理大四字金前定	題【晉】鬼谷子王詡	源自元代算命術
38	命理斷語義理源深	心一堂編	稀見清代批命斷語及活套
39－40	文武星案	【明】陸位	失傳四百年《張果星宗》姊妹篇 千多星盤命例　研究命學必備
相術類			
41	新相人學講義	【民國】楊叔和	失傳民初白話文相術書
42	手相學淺說	【民國】黃龍	民初中西結合手相學經典
43	大清相法	心一堂編	重現失傳經典相書
44	相法易知	心一堂編	
45	相法秘傳百日通	心一堂編	
堪輿類			
46	靈城精義箋	【清】沈竹礽	沈氏玄空遺珍 玄空風水必讀
47	地理辨正抉要	【清】沈竹礽	
48	《玄空古義四種通釋》《地理疑義答問》合刊	沈瓞民	
49	《沈氏玄空吹虀室雜存》《玄空捷訣》合刊	【民國】申聽禪	
50	漢鏡齋堪輿小識	【民國】查國珍、沈瓞民	
51	堪輿一覽	【清】孫竹田	失傳已久的無常派玄空經典
52	章仲山挨星秘訣（修定版）	【清】章仲山	章仲山無常派玄空珍秘 門內秘本首次公開 沈竹礽等大師尋覓一生未得之珍本！
53	臨穴指南	【清】章仲山	
54	章仲山宅案附無常派玄空秘要	心一堂編	
55	地理辨正補	【清】朱小鶴	玄空六派蘇州派代表作
56	陽宅覺元氏新書	【清】元祝垚	簡易・有效・神驗之玄空陽宅法
57	地學鐵骨秘　附　吳師青藏命理大易數	【民國】吳師青	釋玄空廣東派地學之秘
58－61	四秘全書十二種（清刻原本）	【清】尹一勺	玄空湘楚派經典本來面目 有別於錯誤極多的坊本

91	地學形勢摘要	心一堂編	形家秘鈔珍本
92	《平洋地理入門》《巒頭圖解》合刊	【清】盧崇台	平洋水法、形家秘本
93	《鑒水極玄經》《秘授水法》合刊	【唐】司馬頭陀、【清】鮑湘襟	千古之秘，不可妄傳匪人
94	平洋地理闡秘	心一堂編	雲間三元平洋形法秘鈔珍本
95	地經圖說	【清】余九皋	形勢理氣、精繪圖文
96	司馬頭陀地鉗	【唐】司馬頭陀	流傳極稀《地鉗》
97	欽天監地理醒世切要辨論	【清】欽天監	公開清代皇室御用風水真本
三式類			
98-99	大六壬尋源二種	【清】張純照	六壬入門、占課指南
100	六壬教科六壬鑰	【民國】蔣問天	由淺入深，首尾悉備
101	壬課總訣	心一堂編	過去術家不外傳的珍稀六壬術秘鈔本
102	六壬秘斷	心一堂編	
103	大六壬類闡	心一堂編	
104	六壬秘笈——韋千里占卜講義	【民國】韋千里	六壬入門必備
105	壬學述古	【民國】曹仁麟	依法占之，「無不神驗」
106	奇門揭要	心一堂編	集「法奇門」、「術奇門」精要
107	奇門行軍要略	【清】劉文瀾	條理清晰、簡明易用
108	奇門大宗直旨	劉毗	天下孤本　首次公開 虛白廬藏本《秘藏遁甲天機》 奇門不傳之秘　應驗如神
109	奇門三奇干支神應	馮繼明	
110	奇門仙機	題【漢】張子房	
111	奇門心法秘纂	題【漢】韓信（淮陰侯）	
112	奇門廬中闡秘	題【三國】諸葛武侯註	
選擇類			
113-114	儀度六壬選日要訣	【清】張九儀	清初三合風水名家張九儀擇日秘傳
115	天元選擇辨正	【清】一園主人	釋蔣大鴻天元選擇法
其他類			
116	述卜筮星相學	【民國】袁樹珊	民初二大命理家南袁北韋
117-120	中國歷代卜人傳	【民國】袁樹珊	南袁之術數經典